吉田松陰に学ぶ
リーダーになる100のルール

沢辺有司

彩図社

はじめに

幕末の長州藩士である吉田松陰（寅次郎）は、30歳（以下、文中の年齢は数え年）という若さでこの世を去った。彼は明治維新を見ていない。

松陰は歴史上、何をした人物かというと、これはなかなか一言では説明が難しい。

大政奉還を実現に導いた坂本龍馬、薩長同盟を結び倒幕運動を遂行した西郷隆盛や木戸《きど》孝允《たかよし》、あるいは、戊辰戦争に加わったのち明治政府のもとで自由民権運動のさきがけとなった板垣退助など、これら幕末の志士たちのような具体的な業績があるわけではない。

それどころか、松陰が活動した20代の大半の時間は、江戸の小伝馬の牢獄か萩（山口県）の野山獄の囚人として過ごし、または実家の一室に謹慎させられ、蟄居の身におかれていた。自由の時間は少なく、できることは極端に限られていたはずである。

にもかかわらず、松陰は多くの優れた弟子を世に送り出した。

長州征伐（四境戦争）で活躍し幕府の倒壊を決定づけた高杉晋作、内閣総理大臣となった伊藤博文や山縣有朋《やまがたありとも》、前述の木戸孝允など、そうそうたる面々である。

松陰の実家の杉家に開かれた松下村塾《しょうかそんじゅく》から巣立った彼らは、松陰亡き後、その熱い魂をうけついで新しい日本の夜明けを切り開いていったのである。

これこそが、松陰の最大の功績である。

しかも驚くことに、松陰が松下村塾で実際に講義ができたのは、わずか3年にも満たない時間である。その短期間のうちに、多くの幕末・維新のリーダーを育て上げていたのである。

松陰は弟子たちにいったい何を伝えたのだろうか。弟子たちは松陰からいったい何を学んだのだろうか。

そこで本書では、『吉田松陰に学ぶ　リーダーになる100のルール』と題して、松陰の教えを「100のルール」という形に厳選してまとめ、松陰の教えの神髄にせまった。『講孟箚記《こうもうさっき》』『幽囚録《ゆうしゅうろく》』『留魂録《りゅうこんろく》』など、松陰の膨大な著書のほか、恩師や弟子、家族にあてた書簡などから、珠玉の名言を集め、現代の言葉に訳している。松陰の人生や時代背景などと照らし合わせながら、詳しい解説も加えた。

本書は、リーダーとして活躍する人、リーダーをめざす人だけでなく、自分の生き方を見つめ直したいという人にも刺激的な名言集となるだろう。

それでは、松陰の魂の言葉に耳を傾けてみよう。

吉田松陰に学ぶ
リーダーになる
100のルール

目次

第1章

人がついてくる リーダーの行動原則

【ルール・その1】

優れたリーダーというのは、まず腹を決めるものである。リーダーの腹が決まれば、部下がそれに従わないわけがない。

明君賢将《めいくんけんしょう》必《ま》づ其《そ》の心を定む
吾《わ》が心一《ひと》たび定まりて、将吏士卒《しょうりしそつ》誰れか敢《あ》へて従はざらん

『高杉晋作あて書簡』

1830（天保1）年、松陰は、長州（山口県）の萩で、藩士・杉百合之助《ゆりのすけ》の次男として生まれた。5歳のとき、百合之助の次弟で山鹿《やまが》流兵学師範・吉田大助の養子となるが、大助は松陰が6歳のときに亡くなったため、叔父・玉木文之進が教育にあたった。松陰は周囲から才能を見込まれ、将来は山鹿流兵学を継ぐことが期待された。

そんな松陰にとって、家学の山鹿流兵学の始祖、山鹿素行《やまがそこう》は絶対的な師だった。山鹿素行は、江戸時代前期の軍学者であり儒学者である。

松陰は、江戸に遊学した際、「江戸には師とすべき人がいない。なぜなら、江戸の学者にはこころざしがなく、たんに講義をすることを生業としているだけだから」とがっかりしていたが、一方で山鹿素行は常に「先師」でありつづけた。

山鹿素行は、儒学をもとにした兵学の書『武教全書』を著している。松陰は、長州藩主・毛利敬親《たかちか》の前で、この『武教全書』の講義を行っている。

最初の講義は11歳のときだった。それから15歳、20歳、そしてこの言葉があった守城篇を講義したのは21歳のときである。松陰は、敬親の立場に立って講義した。リーダーの腹が決まれば、部下はそれに従わないわけがない、と熱弁をふるった。

敬親は、松陰の言葉に深い感銘をうけたという。

【ルール・その2】

実際に自分で行動しないとわからないものだ。行動しない人は人とはいえない。

体認《たいにん》と申す事を知らず候《そうら》はば、人と申すものには之れなく

『要路役人に与ふ』

松陰は、行動する人だった。例えば、ペリーの黒船に乗って海外渡航をしようと考えた。ペリー軍艦密航事件（Ｐ１４３）である。

つかまえた漁師に酒を飲ませ、法外な金を払って、黒船までこぎ着けるように依頼した。しかし、実行寸前で漁師が尻込みして失敗した。別の漁師にも波が荒いからと、舟を出してもらえず失敗に終わった。それでもあきらめきれない松陰は、弟子の金子重之助（重輔）とともに、漁船を盗んだ。櫓《ろ》がなかったので、櫂《かい》にふんどしを縛りつけてこぎだしたが、途中でふんどしが切れたため、今度は帯で縛りつけて、やっとのことで黒船に着いた。

「学問がしたいのでアメリカに連れていってほしい」

こう頼み込んだ松陰と重之助は、結局は追い返されてしまったが、黒船側の航海日誌にもこの事件が記されていたことが近年になってわかっている。

事件後、自白して江戸に護送された松陰は、こんな詩を詠んでいる。

「かくすれば　かくなるものとしりながら　やむにやまれぬ大和魂」

過酷な運命が待っていると知っていても、こころざしを貫くためには行動を起こさなければならない。この行動することが、「やむにやまれぬ大和魂」ということだ。現代は、さまざまな知識があふれていて、それを知ることでわかった気になってしまいがちだが、実際に行動してみて気づくことは多い。知性を磨くには行動することが大事である。

【ルール・その3】

意味もなく保身ばかりに走る者が、どうして国を守ることができるだろうか。

徒《いたず》らに身を衛《まも》ることを知る者、安《いず》んぞ能《よ》く国を安《やす》んぜんや

『剣の説』

松陰が藩校・明倫館の師範を務めていたころに書かれたものに、『剣の説』［１８４８（嘉永１）年］がある。要約すると、次のようなことになる。

「剣は人を殺すためのものではないし、自分の身を守るものでもない。身を守ることしか考えていないから、刀のつかに手をかけ、抜く構えをするだけで、恐ろしさのあまり足がふるえるのだ。

そうではなく、国家を救い、人民を救う剣でなければならない。このような考えに立てば、恐ろしさを感じることはない。国家を救えば、自分の身を守ることにつながる。

中国の故事にもあるように、斬ることによって世の中が平和になるならば、それを良しとする。それこそ、剣の徳というものだ」

つまり、剣の使い道は、自分を守るため（保身）ではなく、人々を救うためにある。これが松陰の考え方である。そこでこの名言だ。

「意味もなく保身ばかりに走る者が、どうして国を守ることができるだろうか」

これは「剣」に限った話ではない。「剣」を「権力」と置き換えてみる。人を指導する立場にある者は、その権力をどう使うかが問われる。自分の立場を守る保身のために使うのか。それとも、組織のため、部下のため、人々のために使うのか。権力をもったからには権力の使い道を考えるべきである。

【ルール・その4】

私は生きのびようともしなかったし、
やがて死ぬだろうとも考えなかった。
ただ自分に誠実であるか、
それだけが問題だった。
あとは天の命じるままに
なりゆきに身をゆだねたままである。

吾《わ》れ此《こ》の回初め素《もと》より生を謀《はか》らず、又死を必せず
唯だ誠の通塞《つうそく》を以《もっ》て天命の自然に委したるなり

『留魂録《りゅうこんろく》』

晩年、倒幕論者として幕府にマークされた松陰は、１８５９（安政６）年６月、野山獄から江戸に送られ、伝馬町の牢獄につながれた。

７月、幕府の評定所の取り調べの雰囲気では、重くても流罪というものだったが、急転直下、大老・井伊直弼の独断で死刑が下された。

ここにいたってはじめて、松陰は死を覚悟した。

処刑の２日前、松陰は弟子たちへあてた『留魂録』を書きはじめ、翌日の夕方までに一息で書き上げた。

死を前にしたとは思えない一糸乱れぬ筆致で刻まれた『留魂録』。そこには、この言葉にあるように、ただ自分に誠実であることに徹しようとする松陰の生き様が凝縮されている。

同時期、高杉晋作には手紙でこう諭した。

「人間は、生死を度外視して、要するに、なすべきことをなす心構えが大切である」

１８５９（安政６）年10月27日、松陰は30歳という若さで亡くなった。

【ルール・その5】

平凡な一生を送るより、正義のために潔く死ぬべきである。

大丈夫寧《むし》ろ玉砕すべく何ぞ能《よ》く瓦全《がぜん》せん

『吉田寅次郎（スティヴンソン著）』

イギリスの文豪スティヴンソン（代表作に『ジキル博士とハイド氏』など）は、１８７８～79年ころ、『吉田寅次郎』というタイトルの書をあらわした。スティヴンソンは日本を訪れたことはなかったが、イギリスに出張していた日本人で、かつて松蔭に師事していた正木退蔵から松陰の話を聞いて、松陰の生き様をヨーロッパの人々に紹介したのである。

スティヴンソンは、松陰のことを、「思想の点で、聡明にして先見の明があっただけでなく、実行の点においても、確かにもっとも熱烈な英傑の１人」と説明する。

この書で紹介されている１つのエピソードが、松陰が江戸の独房で得た同志のことである。それは、隣の独房にいた薩摩の改革者・日下部伊三次《くさかべいそうじ》である。彼は、違う計画で投獄されたが、松陰と意図するところは同じで、２人は獄舎の壁を隔てて共感を得たといわれる。

日下部のほうが先に奉行の前に引き出された。処刑場へ引かれていく日下部は、吉田がいる窓の下を通ったとき、流し目で彼を見て、こんな漢詩を大声で読んだ。

「大丈夫寧ろ玉砕すべく何ぞ能く瓦全せん」

これは、『北斉書《ほくせいじょ》・元景安伝《げんけいあんでん》』からの詩である。現代的に訳せば、「平凡な一生を送るより、正義のために潔く死ぬ」という意味である。

日下部につづいて、やがて処刑場にひかれ、身命を投げ打った松陰。日下部と、まったく同じ気持ちだったに違いない。

【ルール・その6】

チャンスが訪れたときに仕事をなしとげられずそのチャンスを逃してしまうのは、人として罪だ。

機来り事開きて成す能《あた》はず、
坐して之れを失ふものは人の罪なり

『中谷賓卿を送る序』

中谷正亮《なかたにしょうすけ》（字《あざな》は賓卿）は、長州藩校・明倫館の秀才で、松陰とともに江戸遊学をして以来の友人である。1855（安政2）年、杉家に幽閉となっていた松陰を訪ねてからは、そこで開かれた私塾・松下村塾《しょうかそんじゅく》（P49）で学び、塾生の指導にもあたった。君主に対して忠節をつくし、親には孝行をつくす正亮の生き方を、松陰は高く評価していた。

国の行く末を真剣に考えていた正亮は、九州や関西を遊学した。それから、1858（安政5）年3月、関東に旅立つことになった。

この言葉は、その旅立ちに際して松陰が送った手紙にある。

松陰は言う。

「ある仕事をなしとげるというのは難しいし、いいチャンスというのは逃しやすい」

だから、いいチャンスが訪れたら、ためらわずにその仕事をなしとげるべきである。チャンスを逃してしまうことは、ほとんど罪に等しい、ということだ。

国家のことを心配している志士はいるが、無意味に破滅してしまい、事がなしとげられず、チャンスを逃してしまっていることが多い。このことをふまえた言葉だった。

これは、広く人生の教訓となるだろう。

いいチャンスを逃さないこと――。何かをやりとげるには大事なことである。もちろん、いいチャンスを逃さず、しっかり生かすには、普段からの準備を怠ってはいけない。

【ルール・その7】

励んで努力すれば、できないことはない。

自ら励み自ら勤めば何すれぞ成らざらん

『妹・文《ふみ》へ』

松陰には３人の妹がいたが、とくに気にかけていたのは末妹の文《ふみ》である。松陰とは年が13も離れており、ほとんど娘のような存在だった。

松陰がペリー軍艦密航事件を起こして萩の野山獄につながれていたころ、世話好きの月《げっ》性《しょう》という僧（Ｐ59）が文の婿として桂小五郎（のちの木戸孝允《たかよし》）を推した。

小五郎は、松陰の弟子であり親友である。頭の切れる男で、剣術にも優れ、しかも美男子。妹の婿としては申し分ないように思われたが、松陰は乗り気ではなかった。小五郎は、酒好きで血の気が多く、女性にも態度が厳しい。妹を嫁がせるには不安があった。実際、その後の小五郎は何度も結婚と離婚を繰り返すことになるのである。

松陰が文の婿として納得したのが、久坂玄瑞《くさかげんずい》である。玄瑞はこころざしが高く優秀な男で、のちに松下村塾において、高杉晋作とともに双璧をなす。将来の日本のリーダーの１人となるような器である。

それほどの男の妻になるとすると、文にしてみれば、なかなかの重荷だ。

そこで松陰は、１８５７（安政４）年、婚礼に向かう文にこんな言葉をかけた。

「励んで努力すれば、できないことはない」

玄瑞の妻という難しい役目を、しっかり果たすよう、励んで努力することを求めた。努力すればできないことはないのである。これは何事にも言えることだろう。

【ルール・その8】

どんなことでも、できないということはない。できないというのは、やらないだけである。

何事もならぬといふはなきものを
ならぬといふはなさぬなりけり

『父・叔父あて書簡』

1851（嘉永4）年、22歳の松陰は、藩主の東行にしたがい江戸にはじめて遊学した。この言葉は、その江戸遊学中の8月17日、父・杉百合之助と叔父・玉木文之進にあてて書いた手紙にある。ちなみに、末妹の「文」の名は、この叔父の玉木文之進からとられている。

江戸での松陰は、安積艮斎《あさかごんさい》や古賀茶渓《こがさけい》、山鹿素水《やまがそすい》、佐久間象山《さくましょうざん》など、当時の有名な学者のもとに足を運び、日々新しい思想にふれた。また、鳥山新三郎や宮部鼎蔵《みやべていぞう》など、諸藩の学生らと切磋琢磨し、学問と武芸の腕を競い合った。彼らとは、藩邸に定期的に集まり、『書経』『易経』『論語』などの輪読会を催した。

手紙からは、そんな日々の充実ぶりがうかがえる。まだ脱藩事件（P177）を起こす前のことで、藩の将来を担う人材として、周囲の期待に応えるように真っすぐに進む青年の姿がある。

昨夜読んだ『武士訓』にあった言葉として、松陰が記したのが、この言葉だ。「できないというのは、やらないだけである」というのは、松陰の心に強烈に響いたのだろう。まったく同じような言葉は、のちの野山獄時代の『講孟箚記《こうもうさつき》』にもある。

「できないのではない、やらないのである（能はざるに非ざるなり、為さざるなり）」

たとえ牢獄につながれていようとも、心身の修養はできる、という意味で発せられている。こちらは、より緊迫感をもって迫ってくる。

【ルール・その9】

リーダーなら、決断しろ。

大将は心定まらずして叶はず

『武教全書講章』

リーダーの仕事は、決断することである。

リーダーが、自分の信念と責任において、すぱっと決断をくだすことができれば、部下はついてくるものである。いつまでも迷っているようでは、ダメだ。

「もしも大将の心がふらふらしていると、その下の将軍にいくら知恵や勇気があっても、彼らの能力を生かすことができない。いくら人並み外れた百万の強い兵がいても、その力を生かすことはできない」

松陰はこのように述べている。

では、いざというときに良い決断をくだせるようにするにはどうしたらよいか。

決断には、ふだんからの準備が必要だ。松陰の次の言葉を参考にしたい。

「決断は、一時的に激しく心を奮い起こせばできるというものではない。水が自然にしみこむように、強い心を少しずつ養い育てる必要がある。ふだんは学問をする。正しい行いとは何か、君臣関係とは何かを学ぶ。また、礼儀正しく、いさぎよく、恥を知る。心を鉄や石のように鍛え上げるべきである」

普段の鍛錬があってはじめて、修羅場における決断力が生まれるということだ。

【ルール・その10】

私と彼らの違うところは、ただ1つ。私は、ひたすら忠義のために行動しようとしているのに、彼らは、どのような成果をあげられるのかばかりを考え、結局、何もしないところだ。

其の分れる所は、僕は忠義をする積《つも》り
諸友は功業をなす積り

『某あて書簡』

1858（安政5）年、江戸幕府の大老に就任した井伊直弼は、日本にとって不利な日米修好通商条約の調印を独断で行った。ここにいたって、いよいよ危機感を募らせた尾張・水戸・越前・薩摩の四藩は、井伊直弼の襲撃計画を立てた。

この噂は、松陰の耳にも届き、ならば、と松陰は、老中・間部詮勝《まなべあきかつ》の襲撃を企てた。そして、この計画を遂行するために長州藩に武器の貸与をもちかけた。これは一見不可解な行動だ。テロ計画が幕府に筒抜けになるからだ。だが、松陰としては、国家の危機を見て見ぬふりをする長州藩にゆさぶりをかけ、何らかのアクションをうながす狙いがあったようだ。

ところが長州藩は、松陰を野放しにしていては自分たちが幕府から敵視されると恐れ、同年12月、再び野山獄送りとしたのである。そのころ江戸にいた高杉晋作や久坂玄瑞ら5人の門人は、間部詮勝襲撃をあきらめていない松陰をなだめようと、計画は「かえって長州藩に害をおよぼすだけです」と、自重するように手紙をよこした。しかし、かえって激しい怒りを募らせた松陰は、1859（安政6）年1月11日、ある手紙を書く。後半部分が欠落しているので、誰にあてたものかはわかっていないが、その手紙にあるのが、この言葉である。

「彼ら」とはもちろん、自重論を唱えた5人の門人たちだ。松陰は、忠義とは何をするかが大事で、名を上げるためにやるのではないと言い、成果があがるあがらないを気にする前に、まず行動すべきだと訴える。この熱い魂が、やがて高杉晋作らにのりうつっていく。

【ルール・その11】

自分の身にふりかかる労苦を何とも思わないような人でなければ、人々を幸せにすることなどできない。

一己《いっこ》の労を軽んずるに非ざるよりは、
寧《いずく》んぞ兆民の安きを致すを得《え》ん

『松下村塾聯《れん》』

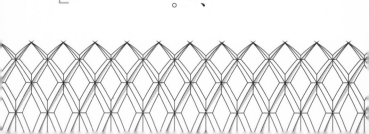

松下村塾（Ｐ49）は、リーダーの養成所だった。

そのことは、１８５６（安政３）年９月に松下村塾の教育的意義を高らかに宣言した『松下村塾記』に認められる。『松下村塾記』は、松下村塾の二代目の主宰者である外戚・久保《くぼ》五郎左衛門《ごろうざえもん》の求めに応じて書かれたもので、この時点ではまだ松陰は松下村塾の主催者とはなっていないが、すでに後継者であることを自負して同書を記している。

その要点をまとめると、こうなる。

「国にとってもっとも大切なことは、自国と外国の関係を明確にすることだ。ところが、外国との関係があやしくなっているにもかかわらず、この国の指導者たちはそれを気にもせず、漫然と暮らしている。そんな危機的状況のなか、松下村という１つの村を教化することで、やがては長州藩、そしてこの日本を変える優れた人物が出てくるだろう」

外戚・久保は、この松陰の考えを「たいへん立派なものだ」と評価した。

また同時期、松陰は久保に１つの句を書き送った。それがこの言葉。

自分にかかる苦労を何とも思わないようでなければ、人々を力強く牽引し、人々を幸せにすることなどできない。人の上に立つリーダーには、これほど強い覚悟が決まっていなければいけない。ちなみに、「聯《れん》」とは、対句を書いて左右の柱に相対してかける札のこと。久保は、松陰のこの句を自ら彫刻刀で竹に刻み、松下村塾の柱にかけたといわれる。

【ルール・その12】

自分で苦労を招いているだけだ。

自ら之を取るなり

『講孟箚記』

松陰は言う。「自暴自棄」という言葉があるように、苦労や心配事というのは、自ら招いているものであると。

人間というのは尊い存在で、誰でも立派な人格を心のうちにそなえている。しかし、それを自覚していない人間が多い。根拠もなく自分から自分のことを見下していることがある。自分の尊厳を傷つけ、道徳性を欠いた行動をすることがある。そうやって自分を見下して行動していると、どんどんと負のスパイラルに陥っていく。

自分はできないと思っているから、本当にできない。自分はどうせ苦労すると思っているから、本当に苦労する。自分のことをバカにしているから、人からバカにされる。

自分を見下していいことはない。自分から苦労を招いているのに、苦労する自分の人生を怨み、それに腹を立てる。人からバカにされて怒っている。

苦労の原因がどこにあるのか気づかないといけない。これに気づかず、身を滅ぼすことは、本当に悲しむべきことである。松陰はこう語っている。

【ルール・その13】

成功すれば国王の手柄とし、失敗すれば自分ひとりが罪をかぶるまでだ。

事成らば王に帰し、事敗れなば独り身之れに坐せん

『士毅《しき》に与ふ』

これは、中国・前漢時代の貫高《かんこう》という人物の言葉。松陰が気に入っていた言葉の１つで、１８５９（安政６）年の正月に友人の小田村伊之助（字《あざな》は士毅）にあてている。

貫高は、趙の国王・張敖《ちょうごう》のもとで丞相《じょうしょう》を務めていた。あるとき、前漢の初代皇帝・高祖（劉邦）が趙の国にやってきた。張敖は、高祖の娘を娶って王后としている間柄であるから、高祖を手厚くもてなした。

ところが高祖は、たいへんに傲慢な態度であり、張敖を罵るばかりである。その様子を見ていた貫高は、張敖に高祖の殺害をすすめた。しかし、張敖は、いまの自分があるのはすべて高祖のおかげだとして、殺害は躊躇する。そこで、貫高が言ったのが、この言葉である。

「成功すれば国王の手柄とし、失敗すれば自分ひとりが罪をかぶるまでです」

紀元前１９９年、貫高らは張敖に黙って高祖暗殺計画を進めた。しかし翌年、高祖がその陰謀を知り、張敖や貫高は逮捕されることになった。貫高は厳しい拷問にさらされたが、口を割らずに耐えぬいた。その壮絶な様を見せられた高祖は、さすがに感服したという。

貫高は、「張敖はこの陰謀をまったく知らず、関与していない」と、一貫して訴え続けた。その結果、国王・張敖の嫌疑は晴れ、命は助かったのである。

ある事業に失敗したら、自分が罪をかぶり、国王を守る、社長を守る、上司を守る。反対に成功したとすれば、上の者の手柄とする。松陰はこれを美しい態度と考えた。

【ルール・その14】

私は、人を信じて失敗するとしても、人を疑って失敗することがないようにしたい。

余《よ》寧《むし》ろ人を信ずるに失するとも、
誓《ちか》つて人を疑ふに失することなからんことを欲す

『講孟箚記』

松陰は言う。

学問のある人は、人を疑いすぎるという欠点がある。反対に、人として正しく生きようとしている人は、人を信じすぎるという欠点がある。

どちらかに偏りすぎるというのがいけないわけだが、では、究極的には、「人を信じること」と「人を疑うこと」のどちらがよいのか？

源頼朝は、弟の範頼《のりより》と義経《よしつね》を信じて兵をまかせたことによって、平氏を滅ぼすことができた。しかし、対立を深めた義経を死に追いつめ、また、謀反の疑いをかけて弟・範頼を殺してしまうと、その天下は北条氏に奪われてしまうことになった。

こうした教訓から言えることとは、「人を信じるということは、人を疑うということよりも優れた功績をあげる」ということだ。ただ、「人を信じるほうが優れた功績があがるから、人を信じよう」と利害得失で考えるのは、動機としては少しさみしいだろう。

人を信じることで失敗することもある。あまりにもバカ正直に信じたことで、大失敗して、嘲笑の対象となることはよくあることだ。

それでも松陰は、「人を疑って失敗するより、人を信じて失敗したほうがいい」と教えている。人を信じることは、人を疑うことよりもはるかに勝った姿だからだ。

【ルール・その15】

人々にさげすまれ、しいたげられたときこそ本当の英雄かどうかがわかる。

衆人から蔑まれ、虐げられたときこそ、真の英雄か否かが分かる

『ペリー提督日本遠征記（ホークス著）』

1854（安政元）年、ペリー軍艦密航事件後の松陰は、人生のなかでももっとも屈辱的な瞬間を味わっていた。

金子重之助（重輔）とともに押し込まれた下田の獄舎は、わずか一畳ほどの犬小屋のような部屋で、身動きもとれず、寝るにも枕はなく、与えられる食事は貧相極まりなかった。しかも、獄舎は誰でも覗き見できるようになっていて、24時間さらし者となった。

松陰はこの屈辱を前向きにたえた。このとき、獄舎を訪れた米兵に松陰が手渡した紙片の内容が、ペリー側の記録として残っている。

「英雄はその目的を達することができなければ、悪党や盗人とみなされるものである。我々は捕縛され、人々にさげすまれ、しいたげられているが、このときこそ、本当の英雄かどうかがわかるときである。すすり泣けばあほうに見られる。笑っていればならず者と変わらない。沈黙あるのみである」

逆境のときこそ、真価が問われるということだ。

さらに松陰は、この翌年の野山獄時代の『戯言《たわごと》』で、こうも述べている。

「昔から、順調な人生を送って英雄となった者は多くない。だとすれば、天が私に期待していてくれるものは決して軽いものではない」

この超プラス思考、見習いたい。

【ルール・その16】

過ちをしない人が立派なのではない。過ちを改める人が立派なのである。

士《し》は過《あやまち》なきを貴《たっと》しとせず、過を改むるを貴しと為す

『幽囚録』

これは佐久間象山の言葉である。象山は、事あるごとに松陰の相談役となったが、ペリーによる恫喝外交が起きたころ、松陰にこの言葉を送った。

ちなみに佐久間象山とは、ペリーの黒船があらわれる前から西洋諸国の脅威を感じとり、強力な海軍の創設や、まったく使い物にならない沿岸の砲台の早急な見直しを幕府に提唱していた人物である。時勢を見る目がとにかく鋭かった。

ここでいう「過ち」とは、松陰の脱藩事件（P177）のことを指している。過ちを犯すのは仕方ない。改めればいいのだ。そして、過ちを改めるよりももっと大事なことは、過ちの償いをすることだと象山は語っている。

「国家にとって多事多難なこの時に、人のできないことを進んでやり、立派な功績をあげることが過ちを償う一番いい方法だ」

象山はそう言って松陰を励ました。

象山は、松陰にチャンスを与えようと、幕府の重臣を通じて、オランダ遊学の筆頭候補の1人に松陰を挙げたが、この提案は受け入れられなかった。

そこで松陰は、ロシア艦船、次いでペリー艦船に乗船して自力で海外渡航を果たそうとするのである。松陰は、再び過ちを犯すつもりなどもうとうなく、ただ過ちを償おうとしていただけなのである。

【ルール・その17】

究極まで衰退し、また盛り返す。究極まで乱れて、また治まる。これは、ものの常である。

衰極まりて復《ま》た盛んに、
乱極まりて又治まるは則《すなわ》ち物の常なり

『幽囚録』

ペリーの黒船がやってきたとき、松陰は、近い将来、日米開戦になると見て、自ら戦う覚悟もできていた。

ところが、江戸幕府は、ペリーの前になすすべなく、言いなりになって鎖国を解いてしまった。松陰は、こんな日本の姿を見て、「国勢の衰えは、いまだかつてみたことがないほど」と嘆いた（『幽囚録』）。

かつては蒙古の襲撃も撃退した日本。太陽のように燦然と輝いていたが、いまや月の影に隠れた月蝕のようである。このまま衰退すれば、滅亡するだけ……。

しかし、政治を行ううえでは、治まったり、乱れたりするのは、逃れられないことである。栄枯盛衰、栄えては衰えるを繰り返すことは、ものの常である。

「ひとたび衰退したからといって、どうしてまた盛んにならないということがあるだろうか」

国家滅亡さえ頭によぎった松陰は、自らに言い聞かせるように説いた。堕ちるところまで堕ちたら、あとは盛り返すだけだ。

この言葉は、会社の業績や個人の人生にも言えることだろう。良いときがあれば、悪いときがある。ちょっと良いからといって浮かれず、悪いからといって落胆しない。常に浮き沈みがあるものと思っておいたほうがいい。

【ルール・その18】

ふだんの言葉と行いが遺命となっている。

平生の言行各々　其の遺《い》命《めい》なり

『武教全書講録』

死ぬときに残した命令を、遺命という。

天下統一をなしとげた太閤・豊臣秀吉は、死を察してからというもの、重ね重ね遺命をした。嫡男・秀頼がまだ幼かったため、政治運営にあたっては、五大老・五奉行の合意を得るということを遺命とした。

ところが、五大老の１人・徳川家康は、秀吉の遺命に反して、合意を得ずに諸大名間の婚姻を進めた。これをきっかけに権力争いが表面化し、豊臣家は衰退へと向かった。

秀吉の例からわかることは、ふだんの教えや戒めをおろそかにして、死後になんとかしようとしても、何の役にも立たないということである。すでに生前から争いの火種があちこちで上がっていたのに、それを解決せず、死後に解決するよう指示しても、できるものではない。秀吉は、遺命を必要としている時点でリーダーとして失格だった。

優れたリーダーというのは、ふだんの言葉と行いに、重要な教えと戒めを込めている。

「ふだんの言葉と行いが、遺命となっている」

ということである。

現代のリーダーも見習いたい点だ。ふだんの言葉と行いがすべて。ふだんからリーダーの正しいメッセージが組織の末端まで行き届いていれば、緊急時でも、改めて何かを伝える必要はないのである。

第2章

深い知性を得るために

【ルール・その19】

思い立ったその日から、
学問でも何でもやるべきだ。
年齢がどうとか考える必要はない。

即日より思ひ立ちて業を始め芸を試むべし
何ぞ年の早晩を論ぜんや

『講孟箚記』

ペリー軍艦密航事件後、萩（山口県）の野山獄にあった松陰は、１８５５（安政２）年に獄舎から解かれ、自宅謹慎となり、実家の杉家に戻った。

ここで松下村塾を主宰する。「松下村塾」という名前は、叔父・玉木文之進がかつて開いていた私塾の名前を受け継いだものである。

松陰の松下村塾のそもそものはじまりは、父・百合之助と兄・梅太郎が、野山獄で行われていた『孟子《もうし》』の講義（P61）が途切れてしまうのを残念に思い、再開を求めたことがきっかけだった。つまり、父と兄が最初の「門人」となったのである。

普通の人なら、子供から教えてもらう、弟から教えてもらう、という懐の深さはないだろう。年齢も気にしてしまう。歳をとってから、一から何かをはじめようとは思わない。でも、これではダメ。思い立ったらはじめる。この気概を見習いたい。

やがて門人が集まりはじめた松下村塾は、高杉晋作や久坂玄瑞など、幕末の志士や明治に活躍する人材を多数輩出していった。

【ルール・その20】

学問というのは、
自分の才能を見せびらかして
人を従わせるためのものではない。
人を教育していっしょに
善人になろうとすること、
それが学問だと思うのだ。

蓋《けだ》し学の道たる、己が才能を衒《ひけらか》して人を屈する所以《ゆえん》に非ず
人を教育して同じく善に帰せんと欲する所以なり

『講孟箚記』

ここは「教育」を焦点に考えてみよう。

教育というのは、一般には先生が生徒に「教える」という認識がある。

しかしこの一方通行は、極端な例になると、教育とはよべない状況に陥る。

松陰が心の師とあおぐ中国・明代の王陽明は、

「先生というものは、いたずらに生徒の行動をしばるばかりで礼儀に導くことをしらず、知識を求めるばかりで、善を心に養うことをしらず、鞭で打ったり、縄でしばったり、まるで囚人を扱うようにする」

と言っている。その力関係から、「教える」ことが暴力に発展する危険性があるのだ。

松陰は、教育が「教える」「教えられる」の関係になってはいけないと言っている。先生と生徒の間に垣根はなく、「いっしょに学ぶ」ことが教育の根本だと考えている。

あるとき、松下村塾にある程度の学問がある者が入塾に訪れた。その者は、松陰に「教授」を願いでた。ところが、松陰は、

「教授はできないが、君たちとともにいっしょに考え探求しよう」

と答えた。まさにそういうことである。

教育の目的は、ともに善人になること。松陰は門人たちが、綿を水でひたすように、仁義道徳のなかにつかって自然に善人になることを理想と考えていた。

【ルール・その21】

特定の人の意見ばかり聞いていると、偏った考えになってしまうものだ。これは、昔の人が戒めとしたことである。

偏聴《へんちょう》は奸《かん》を生ずとは、古《いにしえ》の戒《いまし》むる所なり

『良三に与ふ』

この言葉は、松下村塾時代の１８５６（安政３）年７月22日、江戸遊学以来の友人である、長州藩士・来原良蔵《くるはらりょうぞう》にあてた手紙にある。

この手紙の話題は、富永有隣《とみながゆうりん》の免獄についてだった。有隣は、長州藩士であり、藩の勤めに出ていたが、同僚などに憎まれ、野山獄につながれた。ちょうど松陰が入ってきて、２人は獄中で親しくなったが、松陰だけ先に出獄。松陰にとって気がかりは有隣の身だった。

有隣の親族らは、出獄に反対していた。彼らは、有隣を強烈に憎み、恐れていたようだ。彼らの訴えがあまりにも強く痛切なものだったので、役人たちがそれだけを信じてしまわないかと、松陰は心配した。本来なら、親族らの訴えだけではなく、有隣の弁明も聞くべきだし、さまざまな人の意見を聞いて処分を決めるべきである。松陰はこのことを強調する。

特定の人の意見ばかり聞かないで、さまざまな人の意見を聞く、という態度は、勉学においても仕事においても大切なことだろう。

その後の有隣は、１８５７（安政４）年に出獄し、松下村塾の講師に就いた。

松陰亡き後は、長州藩が幕府と戦った第2次長州征討で鋭武隊を率いて戦い、明治維新後は、藩の兵制改革に反対して脱隊騒動を指揮し、その罪で再び入獄。晩年は故郷に帰り「帰来塾」を開いて青年の教育に力を尽くした。国木田独歩の小説『富岡先生』のモデルといわれるのが、富永有隣である。

【ルール・その22】

名誉や利益のためにはじめた学問は、
進めば進むほどその弊害がでてくる。
広い学識や高尚な文章で
飾ろうとしても、
いつかはボロがでるものだ。

初一念《しょいちねん》名利の為《た》めに初めたる学問は、進めば進む程其の弊《へい》著《あら》はれ、博学宏詞《こうし》を以て是れを粉飾すと云へども、遂に是れを掩《おお》ふこと能《あた》はず

『講孟劄記』

松陰は、初志（最初の決心）の重要性をくりかえし強調している。初志というのは、一生ついてまわるからだ。学問に関しても、初志は重要だ。つまり、何を目的に学問をはじめるのか、最初の決心が重要になる。

心の底から自分の道を極めようとはじめた学問ならいいが、名誉や利益を得るためにはじめた学問は最悪である。進めば進むほど弊害がでてくる。広い学識や高尚な文章で己の不純な動機を隠そうとしても、やがて隠しきれなくなる。結局、よって立つところがないので、問題が起きたときに、権力や利益に屈している自分の醜態をさらすことになる。

だから学問をするときには、初志がそれでいいのか、よく吟味しておかなければいけない。誤りがあればそのときに直しておく必要がある。

松陰は、

「小さな流れのうちに塞いでおかないと、揚子江や黄河のような大きな川になってしまう（涓涓《けんけん》塞がざれば終《つい》に江河となる）」

という言葉を引いてたとえている。

「誤りは初志のうちに絶っておけ」ということ。初志に間違いがなければ、何も恐れるものはない。あとは、ブレずに進むだけだ。

【ルール・その23】

「学ぶ」というのは、人間が人間たるゆえんを知ることである。

学は、人たる所以を学ぶなり

『松下村塾記』

11歳にして藩主の前で講義を行った松陰は、幼いときから学生でありながら、教師でもある「天才児」として評判だった。

そんな松陰に、「学問とは何か?」「勉強とは何のためにするのか?」と尋ねたとすると、どんな答えが返ってくるのだろうか?

その答えは、「松下村塾」の開校を宣言した『松下村塾記』にある。

つまり学問とは、人間が人間たるゆえんを知ることであり、そのために勉強するのである。私たちが学ぶことのすべては、「人間とは何なのか?」ということに行き着く。

いつの時代でも、「学問とは何か?」「勉強とは何のためにするのか?」という疑問がある。ところが、今日の日本の教育を見ていると、こうした疑問には応えず、ただ右往左往しているように感じられる。「ゆとり教育」をはじめたかと思えば、学力低下を理由に授業時間数を増加し、元の方向に揺り戻しが起きる。試験の点数や偏差値に翻弄され、学問の本質を見失っているかのようだ。

そんな現代の問題を見越していたかのように、松陰はこう釘をさしている。

「進級や試験の結果などという小さなことを気にかける必要はないのだ（区々たる等級何ぞ争ふに足らん）」

【ルール・その24】

簡単にできあがったものはもろく簡単にこわれる。これは永久不変の法則である。

成ること易《やす》き者は壊るること脆《もろ》きは、物の常なり

『清狂に与ふる書』

これは野山獄時代、浮屠清狂《ふとせいきょう》との文通のなかに出てくる言葉。「浮屠」とは僧のことで、号が清狂、名前は月性《げっしょう》といった。月性は松陰より13歳年上で、周防・遠崎（現・山口県柳井市）の妙円寺の住職だったが、若いころから江戸や京都、北越に遊学し、ペリー来航前後から海防の重要性を訴える一方、尊王攘夷を説いていた人物である。

このころの松陰は、倒幕は現実的な可能性がないとして否定し、月性とは対立する関係にあった。しかし、2人は人間的には互いに親しみを感じていたようである。月性は、獄中の松陰に差し入れを送ったり、あとには、松陰に結婚話をもちこんでくるなど、世話好きの一面があった。

さて、この言葉。松陰は孟子の次の言葉を引き合いに出す。

「山間の小道は、しばらくの間、きまってそこを往来すれば自然と立派な道ができるが、しばらくでも用いる者がいないと、草が生えて小道をふさいでしまう」

道というのは、使いつづけなければ、なくなってしまう。長い年月をかけて、使いつづけることで、本当の道になる、ということである。

山間のちょっとした小道のように、簡単にすぐにできたものは、簡単になくなる。

これは学問や仕事にも通じる法則だろう。日々、地道につづけなければ、本物にはなれない。

【ルール・その25】

立派な人の本を読むとき もっとも大事なことは、バカみたいに鵜呑みにしないことだ。

経書を読むの第一義は、聖賢《せいけん》に阿《おもね》らぬこと要なり

『講孟箚記』

ペリー軍艦密航事件の罪で、萩（山口県）の野山獄につながれた松陰。

松陰は、ただそこでじっとしていたわけではない。なんと、獄中にありながら、囚人たちを前に講義をはじめたのだ。幼少のころに学んだ『孟子』の講義である。

そのときの松陰の第一声がこれ。孔子や孟子など、昔の聖人・賢者の言葉は、もちろん敬意をもって読まなければいけないが、批判すべきところは批判する、ということである。

この野山獄での講義が、出獄後の松下村塾の活動に引き継がれていくのである。これらの講義をもとに書き上げたのが代表作『講孟劄記』だ。

『講孟劄記』は、孟子の教えに現代的な解釈を加えながら松陰の人生観・国家観などを披露したもの。基本的には、孟子の教えによりそったものだが、随所に鋭い批判を加えている。

この松陰の批判精神は一部で反感を買った。聖人の言葉を信奉する重鎮学者らにとって、松陰の態度は許し難いことだったのである。わざわざ手紙をよこして松陰の考えを徹底的に非難する者もいた。ただ、批判精神を失ったら、学問は学問でなくなる。松陰の姿勢は革新的でもなんでもなくて、スタンダードだったにすぎない。

「もし自分の考えに照らし合わせて誤りだと思ったら、たとえ孔子の言葉でも、正しいとしてはいけない」

中国・明代の儒学者、王陽明も、このように言っている。

【ルール・その26】

だから私は常に言っているのだ。
昔の立派な人だって
今の私どもと何ら変わらないと。

余常に謂《い》ふ、古人今人異るなし

『講孟劄記』

これは『講孟箚記』の最終盤で語られた松陰の言葉だ。

ここでいう「昔の立派な人（古人）」とは、孔子や孟子のことを言う。幾世代たとうが、彼らの思想や人間的価値は滅びることがない。これが「古人」たる所以である。

だから、古人に敬意を払って、古人から学ぶことは大切である。

しかし、古人と私たちは、決定的に違うかというと、そうではない。私たちも、一念発起して人間としての道を極めようとすれば、「古人」そのものになることはできるのである。

人間の悪い癖であるが、昔の立派な人を神様のように見なし、私たちとは天と地ほどの大きな差があると思いがちだ。孔子や孟子にかぎらない。歴史上の偉人といわれる人たちは、まるで私たちとは違うと考えがちである。

だが、松陰に言わせると、これは将来を考えない「自暴自棄の極み」であるという。

私たちも、古人や偉人、あるいはもっと身近な例で、著名人や有名人、先生や先輩を目指していいのである。「自分と何ら変わらない」という考え方からはじめればいいのだ。

【ルール・その27】

先生のもとで学ぶときにはまず、心から先生につきたいという真摯な心があって、何を学びたいのか具体化すべきである。先生につくのは、それからだ。

学者師を求むるを以て云はんに、師を求めざるの前に先《ま》づ実心定まり実事立ちて、然《しか》る後往きて師を求むべし

『講孟箚記』

物事には順番というものがある。例えば、中国・春秋時代の兵法書『孫子』の言葉にはこうある。

「勝ち戦」というのは、戦う前に勝利のプランを描いてから戦うものであるが、「負け戦」というのは、何のプランもなくとりあえず戦いをはじめて、それから勝利の道を模索していると。つまり、何か物事をはじめる場合には、まず、勝利（目標達成）に至るプランを描いておくべきである。プランがなければ何事もなしとげられない。

学問をするときも同じだ。とりあえず学校に入って、とりあえず先生を見つけて、それから学問をしながら目標を探しはじめるというのは、順番として間違っている。これでは何も実りはえられない。

今では、とりあえず大学に入ってから将来のキャリアを考える、というのが比較的多いかと思うが、松陰からすれば、これはあってはならないことなのだ。

まず、自分が達成したい目標を明確にする。自分1人でやってみたが、できないとわかってから、では何を学ぶべきかを明らかにし、目標に至るプランを具体化する。それから、それにあった先生を探して学ぶ、というのが本来の順番なのだ。

自分の学問を「勝ち戦」にするか「負け戦」にするかは、最初に具体的なプランが描けているかにかかっている。

【ルール・その28】

手本とすることはそばにある。遠くに行く必要はない。

伐柯《ばっか》遠からず

『両秀録に跋《ばっ》す』

松下村塾の逸材の1人に、吉田栄太郎（稔麿《としまろ》）がいる。野山獄を出て杉家に戻った松陰のもとを栄太郎が訪ねてきたのは1856（安政3）年11月。栄太郎、16歳のときであった。松陰は、韓退之《かんたいし》の立身出世を説いた詩を読んだ。すると栄太郎は、「自分は立身出世のために学問をするのではない」と反論した。次に松陰は、『孟子』のなかから、中国・春秋時代の百里奚《ひゃくりけい》の話をした。主君が耳を貸さないことを知っていた大夫の百里奚は、主君をいさめなかった。それで賢い臣下だと評価されたが、国は滅びた。すると栄太郎は、「いさめることもせず、死ぬこともせず、なにをもって賢いといえるのか」と、また反論した。

栄太郎は、足軽の身分だったが、非常に勤勉で物事がよくわかっている。松陰はこんな栄太郎を気に入って、より学問をするように励ました。その翌年の5月、松陰が栄太郎について書いたものが『両秀録に跋す』である。

松陰が栄太郎に、赤穂浪士の2人を紹介する。1人は、17歳で父を失った矢頭教兼《やとうのりかね》。彼は若くして義挙に加わり、吉良屋敷討ち入りで奮闘したが、18歳で切腹に追いつめられた。もう1人は、寺坂信行。彼は足軽の身分で赤穂浪士に加わるが、吉良屋敷討ち入りのときに姿がなかったことから、逃亡したのではと非難された。

栄太郎の地位と年齢は、まさにこの2人と同じだ。つまり、自分の生き様を考えるとき、参考とする教科書は意外にそばにあるということである。

【ルール・その29】

本当に人として道をこころざした者は、飲屋街で遊んだり詩や酒に狂うというような暇は絶対にない。

花柳《かりゅう》詩酒《ししゅ》に陥る如《ごと》きは
真に道に志す者の必ず暇《いとま》あらざる所なり

『講孟箚記』

松陰は、学問をこころざすなら、国を出て遊学（今でいえば留学）することを勧めている。遊学すれば、俗事から逃れて学問に専念できるというわけだ。

ただ、遊学先では拘束するものがなくなるので、羽をのばして夜遊びをしたりして、時間を無駄に使うだけではないかという心配もある。

しかし松陰はこれに対して、「本当に人としての道をこころざした者には、絶対にそのような暇な時間はない」と言い切る。そして、「専念ということにこそ、学問進歩の工夫があるのである」と諭している。

では、実際の松陰はどうだったのか？

１８５１（嘉永４）年、江戸遊学時代の松陰は、夜遊びをすることもなく学問に集中していた。徹底した節約と倹約にも努めた。江戸に到着して約1カ月がたったころに萩にあてた手紙を見ると、外食をしていないばかりか、おかずはみそや梅干しに限り、特別な日にカツオをつける程度だと記している。

ちなみに、松陰は人生において、多少は酒を嗜んだようだが、女遊びをした形跡はない。恋をした様子もない。まるで遊びに興味を示さない松陰についたあだ名は、仙人——。

松陰、恐るべし、である。

【ルール・その30】

今、学問をする人には2つの欠点がある。1つは考えないこと、もう1つは本当の学問をしないことだ。

今の学者二大弊《へい》あり。一《ひとつ》は思はざるの弊なり（中略）二《ふたつ》は学ばざるの弊なり

『講義存稿三篇』

これは、独立の師範（教授）に昇任したばかりだった、19歳の松陰の言葉である。

松陰はここで、当時の学問をする人の欠点を鋭く見抜いている。

１つ目は、考えないこと。

学問というと、広く物事を聞き知り、それを記憶すればいいという傾向がある。しかし、いくら広い知識があっても、考えるということをしていなければ、他に応用もできないし、実際に役立てることもできない。これでは学問をしたとはいえない。

２つ目は、本当の学問をしないこと。

高尚な議論をしているように見えても、中身が、誰かの言葉や考え方を真似しているだけで、大事なことをわかったつもりになっていることがあるが、これは学問ではない。自分自身で考えて、真理にいたることが本当の学問である。

この２つは、学問をするときの普遍的な課題となっているので心に留めておきたい。

【ルール・その31】

だいたい読書の効果というものは、昼となく夜となく、ちょっとした時間でも惜しんで励むのでなければ、その効果を上げることはできない。

凡《およ》そ読書の功は昼夜を舎てず、寸陰を惜しみて
是れを励むに非ざれば、其の功を見ることなし

『講孟剳記』

学問にあきて、学問をやめようと思っている者がいる。一般的な先生ならば、「すべてやめるよりも、思う存分、遊んで、ときおり暇があったら読書すればよい」と諭すだろう。ところが松陰は「そのような学問の仕方では、結局、効果をあげることはできない。むしろすべてやめてしまったほうがいい」と言う。

学問にあきてしまっている時点で、もう何をやっても無駄、ということである。

では、仕事や家庭のことで時間はないが、学問をしたくて、時間を見つけては書物を読んでいる人には何と声をかけるか。松陰は、「やめずにつづけなさい」と激励するという。

時間や環境などどんな制約があっても、学問をやりたいと思っていることが大事なのだ。ちょっとした時間でも惜しんで励め、ということである。

では「読書」はどのようにすればいいのか、この点にも松陰は言及する。

日本では、読書によってその書物の内容を頭に入れることが学問の第一義であると考えられてきた。しかし読書は、知識欲を満足させることが目的ではない。あくまでも人間としての道を探しあてるために読むことが大事である、と松陰は教えている。また、読書による学習効果は、記憶力の善し悪しで差がつくものであるが、そのことを気にするべきではない。「学問でも仕事でも決して急ぐ必要はない（学問にあれ事業にあれ決して急ぐべからず）」

松陰は、じっくり取り組めばいい、と励ます。

【ルール・その32】

どんなところに住んで何を食べるかなど、もはや関係ないのである。

居・養の能《よ》く移す所に非《あら》ず

『講孟劄記』

『孟子』には、「居は気を移し、養は体を移す」とある。

これは、「どんなところに住むかによって人の気性は変わり、何を食べるかによって人の体を変える」という意味である。居住環境や食べ物が人に与える影響の大きさを述べたものだ。例えば、都市生活と田舎暮らしでは人の心のあり様は変わるだろうし、ジャンクフードばかり食べているのと、田舎で採れた滋味あふれる山の幸、海の幸を当たり前のように日頃から食べているのとでは、体の様子は変わってくるだろう。

しかし、松陰に言わせれば、これはあくまで一般論にすぎない。

野山獄から出たとはいえ、行動の自由がなく、萩の片田舎の一室に閉じ込められたような状況であった松陰。西欧の列強が海を縦横無尽に行き交って植民地を求め、覇権争いを繰り広げる世界の激動からすれば、松陰はまさに世界の辺境に置かれたようなものだった。

ところが、松陰にとってそのような環境は何ら不利になることはなかった。

「私は、ひとり一室におりながら周囲をにらみまわして、古今の歴史を見抜き、全世界の形勢を見通している。そのため、知らず知らず壮大な発想をもつようになったのである」

と、語気を強める。どんなところに住み何を食べるかなど、もはや関係ない。そんな物理的条件を超越しなければいけないのである。どんな環境に置かれていようと、高いこころざしをもち、学問に専念すれば、いくらでも壮大な発想をもつことは可能なのである。

【ルール・その33】

井戸は湧き出る水の多い少ないが
大切であって、
掘ることが浅い深いはどうでもいい。
同じように、
学問は道が得られたかどうかが大切で、
どれだけ勉強したかが問題ではない。

井は水の多少に在りて、掘るの浅深《せんしん》に在らず、
学は道の得否《とくひ》に在りて、勤むるの厚薄《こうはく》に在らざることを

『講孟劄記』

「がんばれば、がんばっただけのものが返ってくるよ」と教えるのが立派な教育者である。誰もがこう考えがちだ。だがよく考えてみると、これはとても無責任な空論にすぎない。それを見抜いていた松陰は、「いくらがんばっても、結果が伴わなければ意味はない」と、実にクールに批判している。

孟子の「井を棄てる」という喩えがある。井戸をどれだけ深く掘っても、水が湧き出てこないで、途中でやめてしまえば、何の意味もない、という教えだ。例えば、大学合格を目標とする人が、がんばってたくさん勉強しても、合格という結果が得られなければ、何の意味もないということである。「がんばる」ことが賞讃される傾向にあるが、ふつうに考えれば、がんばる過程よりも結果が大事なのだ。

結果重視の考え方では、結果から逆算して、どうしたら効率的に確実に良い結果に達することができるか、頭を使って考えるようになる。井戸を掘るなら、水が湧き出てくるように、それもたくさんの水が得られるように、掘削地点の地質を調べたり、掘削方法を工夫する。大学合格が目標なら、ただ闇雲に勉強するのではなく、試験の傾向を分析して、対策を練り、必要な範囲を効率的に勉強する。

松陰は、日本的な精神論を排して、こうした論理的でスマートなアプローチを提案したかったのではないか。

【ルール・その34】

自分がバカで劣っていることを忘れて、いつもいつも勉強に励み、昔の賢人を先生として努力しなさい。

自ら其の暗劣《あんれつ》なるを忘れて日夜勉励《べんれい》し、古賢《こけん》を以て師と為す

『叢棘《そうきょく》随筆』

『叢棘随筆』は、１８５５（安政２）年11月、野山獄時代の末期に書かれた随筆である。「叢棘」とは「牢獄」の意味で、「牢獄で書いた随筆」ということだ。

ここで松陰は、中国・唐代の官僚で文人の柳宗元《りゅうそうげん》の言葉を引用する。柳宗元は、官僚時代に政界の刷新に向けた改革を試みたが、保守派の猛反発にあって、柳州などの地方へたびたび左遷され、不遇を味わった人物だ。

「世の中で才能のある人は、あえて学びつづけるということをしないので、人生においてその才能を開花させることがない」

これが柳宗元の言葉である。

松陰は、この課題は松陰の時代にもあてはまると述べたが、現代の課題でもあるだろう。いくら才能があっても、学びつづけることがなければ才能は開花しない。一方で、自分がバカで劣っていると思っている人でも、あきらめないで、努力して常に学びつづけることが大事だ。松陰は、だれにでも才能があると言っている。

ただ、人それぞれ才能にも限りがある。努力してもすぐに結果が出ないこともある。結果が出ないからといって、いたずらに嘆いてはいけない、とも松陰は言う。なにをおいても、地道につづけることだ。

第3章

人を導くときのルール

【ルール・その35】

細かなわずらわしい規則を作るより、リーダーが自ら模範となって教えたほうがいい。

繁文縟礼《はんぶんじょくれい》は躬化《きゅうか》に如《し》かず
君仁君義《きみじんきみぎ》なれば、仁義ならざるなし

『狂夫の言』

1858（安政5）年1月6日、松陰は長州藩に対して藩政改革を訴える意見書を提出した。自らを「狂夫」（狂人）にたとえて書いたので、『狂夫の言』というわけだ。

長州藩の官僚たちは憤慨するか、「狂人のたわごと」と無視するだろう。そんなことは松陰もわかっていた。しかし、「狂人のたわごと」には重大なヒントがある。孔子は、「まずは狂夫を友としよう」と言った。わかる者には、『狂夫の言』の重要性がわかるはずである。

この『狂夫の言』にあるのが、この言葉。

細かな規則で人を管理するよりも、リーダーである本人が模範を示すことを説き、「リーダーが心ある立派な人であれば、優れた組織にならないわけはない」と断言している。

ところで、『狂夫の言』は、数カ月後に匿名のまま藩主・毛利敬親の目にとまった。「これは寅次郎（松陰）の書ではないのか」

すぐに松陰の書だと見抜いた。敬親は、かつて松陰の講義をうけている。

「寅次郎が言いたいことや心配していることがあれば、すべて書かせてやり、私に上程させるのだ。その言葉が的外れであっても、どんなに過激であっても、それを採用するかどうかを決めるのは、この私だ」

敬親はこう言ったという。つまり、「狂人のたわごと」に耳を傾けようとしたのである。

【ルール・その36】

上司が部下の意見を聞き入れるとしても、部下が意見を言わないのであれば、それは本当に意見を聞き入れている上司とはいえない。

君能く諫《いさめ》を納《い》るとも、臣《しん》をして必ず諫めしむること
能《あた》はざるは、真《まこと》に能く諫を納るるの君に非ず

『将及《しょうきゅう》私言《しげん》』

これは、藩主・毛利敬親に提出した『将及私言』（P127）にある言葉である。

指導的立場にある上司は、部下が自由に意見が言える環境をつくることが求められる。もしも意見を言いたい者がいれば、いつでも時間をつくって、意見を聞くべきである。

中国古代王朝・周の建国に尽力した周公は、たとえ食事中でも、入浴中でも、意見を申す者が訪れれば、ただちにこれを出迎えて、話を聞いたという。優れたリーダーはこれほど謙虚な姿勢をもっていなければいけない。周公は、孔子が聖人とあがめたほどの立派な人物だった。

ところで、「私は部下の意見を何でも聞くつもりだが、部下が意見を言ってくれないで困っている」と嘆く上司がいるかもしれないが、これは上司の側に問題がある。

松陰は、宋の蘇洵《そじゅん》が言った味わい深い言葉として、ここに掲げた言葉を引用する。

部下が意見を言わないのであれば、それは本当に意見を聞いている上司ではないのである。本気で部下の意見を聞き入れようとする姿勢がないのだ。そのため、部下は口をつぐみ、沈黙しているのである。

組織の課題や新しい展望などというのは、リーダー1人だけですべて見抜けるわけではない。常に謙虚な姿勢で、どれだけ広く意見を聞き入れる構えがあるか。そこに組織の命運がかかっている。

【ルール・その37】

君主というものは、人々の生活の苦しみや悩みをよく知っておかなければいけない。

人君は民事の艱難《かんなん》を知し召《しろ》さるべき

『急務四条』

民間から出てきて、人々の暮らしの困難をよく知る君主というのは、善政をしくものである。中国古代、前漢の皇帝・孝宣《こうせん》は、刑務所で育ったのち、民間の貧しい家で暮らした経験があった。皇帝となると、公平な政治で民心をつかみ、危機に瀕していた国家を復興することに成功した。

日本では、平民宰相といわれた原敬などがいい例だろう。原は立派な武家に生まれたが、自ら分家して平民となった。少年時代には、祖父と父を失い、また、地元の南部藩（岩手県）が薩長の官軍にいためつけられる様子を見ている。弱者の視点をもって総理となった原は、薩長の古い藩閥政治を変え、議会を中心とした公平な民主政治を根づかせようとした。軍事より経済や教育に力をいれた政治は、民衆から絶大な支持を得た。

君主は、人々の生活の苦しみや悩みを知っておく必要がある。だからこそ、人々と近い位置にいる地方の役人が重要になる。「人民の声を聞いて、立派に治める役人は、俸給を増やしたり、地位を高めて、よく評価すべきだ」と、松陰は言っている。

現代の会社組織に置き換えると、トップに立つ者は部下の苦しみや悩みをよく知っておかなければいけない、ということになる。組織が大きくなれば、部下一人ひとりの様子までは知り得ないので、各部署のリーダーがその役割を担うことになる。社員の心をよく把握できていれば、不満をためこんだり、やる気をそぐような会社運営にはならないはずである。

【ルール・その38】

理解しようと悶え苦しむのを待ってから教え導いてやるつもりだ。

憤悱《ふんぴ》を待ちて而《しこう》して後之れを啓発せんと欲するのみ

『従弟玉木彦介に与ふる書』

これは、叔父・玉木文之進の息子、玉木彦介にあてた言葉。野山獄時代に書かれている。ここで松陰は彦介に対し、国史や藩史を学ぶほか、さまざまな書物を読むようにすすめている。ただ、これがすべてではなく、ほかにも学んでほしいものは多い、と書く。

いまだに松陰は彦介に何かを直接教えてやったということはない。しかし、教えてやらないのは、教えても無駄だからと惜しんでいるからではない。彦介が、悶え苦しむのを待っているからだ。壁にぶつかるのを待っているからだ。教えるのは、壁にぶつかってから、というわけである。

指導者としては、これは見習うべき点かもしれない。

何でもすぐに教えればいいということではない。まずは本人に徹底的にやらせてみて、それでもうまくいかず悶え苦しむのを待ってから、教えるべきなのだ。悶え苦しみ、教えや助けを渇望している状態になれば、教えたことが効果的に伝わり、より理解が深まり定着するのである。

はじめから手取り足取り教えてあげることで、とにかく早く身につけさせようというのもいいが、それではしっかりとした土台ができない恐れがある。自らが心を奮い立たせて努力し、壁にぶつかり、壁を乗り越えるなかで、固い土台ができる。自信が生まれる。そこから本来の成長があるのだと、松陰は述べている。

【ルール・その39】

何が正しく、何が間違っているか、その心は人間なら誰もがもっている。他人がちょっと違う意見を言っているからといって、強制的に自分の意見に引き入れる必要はない。

是非の心、人各々《おのおの》之れあり、
何ぞ必ずしも人の異を強ひて之れを己れに同じうせんや
『要《よう》駕《が》策《さく》主《しゅ》意《い》』

これは、『要駕策主意』（Ｐ１２８）にある言葉。

松陰が幕府転覆をねらって企てた「要駕策」は、参勤交代で京都・伏見を通る長州藩主・毛利敬親を使って、京都の朝廷に外敵を撃退する攘夷を誓わせせようとした計画だ。毛利敬親の説得役として、朝廷のなかでも信頼できる公卿・大原重徳《おおはらしげとみ》に頼み込むことが考えられた。

しかし、入江和作（野村靖）・九一（杉蔵）兄弟以外の門人たちがことごとく計画に反対。松陰は、必死に説得を試みたが、最終的には、同調してもらえないことは仕方ないことだとあきらめた。人間はそれぞれ意見があるので、これを強制して自分の意見に引き入れることはできない。たがいの意見を尊重することが大事、ということだ。

ただ、相手の意見をつぶすような真似はゆるさない。

「要駕策」では、入江和作が京都にのぼり、大原重徳に接触するはずだったが、松陰の命令で和作とともに上京していた田原荘四郎らが、協力するそぶりをみせて、決行の直前に長州藩に密告し、失敗におわった。結局、和作は指名手配され、兄の九一は捕えられた。

松陰は、憤慨した。

意見の相違は仕方ないにしても、「つげ口するのは、まったく言語道断の悪」と痛烈に批判。田原荘四郎のことは「裏切者の小人」と断罪した。

裏切り行為に対しては、おそろしいほどの憎しみをあらわにしたのである。

【ルール・その40】

世の中に才能のある人がいないのではない。それを用いる人がいないだけだ。なんとも残念なことだ。

天下才なきに非《あら》ず、用ふる人なきのみ、哀しいかな

『小田村伊之助あて書簡』

松下村塾は、毎日のように入塾者が訪れ、活気にあふれていた。

それほど人が集まった理由の1つは、まるで公立学校のような仕組みがあったからだ。松下村塾では、授業料をとらず、腹が減っていれば食事を出し、その他諸経費も杉家が負担していたのである。若者たちは、お金の心配をすることなく、思う存分学問に打ち込むことができたのだ。

もう1つは、松陰の度量の広さである。なにしろ松陰は、身分に関わらず塾生を受け入れていた。

江戸末期の当時は、まだ強固な身分制が根を下ろしていた。足軽など身分の低い者が学問をすることなど、到底、考えられないことだった。ところが松陰は、武士をはじめ、農民や町民まで、やる気のある者はどんどん受け入れたのである。

この言葉は、野山獄にいたころのものだが、松陰は、身分制という時代の大前提をぶち壊す革命的な発想で人を見ていこうとしていた。そうしなければ、この国の未来はないという強い危機感があった。

これは、現代のリーダーへの金言ともいえる。学歴、性別、年齢、国籍……、固定観念にとらわれず、人を見ているか？

【ルール・その41】

同じではない人を
同じにしようなどとせず、
それぞれの才能を育てることに
努めるべきだ。

斉《ひと》しからざる人を一斉《いっせい》ならしめんとせず、
所謂《いわゆる》才なる者を育することを務むべし

『山田治心気斎《ちしんきさい》先生に贈る書』

人材育成について言及したこの言葉は、松陰が幼児のときから兵学の師と仰いでいた山田宇右衛門にあてた手紙にある。松陰は、当時の日本の人材育成の問題をこう指摘した。

「今の欠点は、全国の人をみんな同じにしようと願っていることである。そうであるから、かえって、我が国では才能の特に秀でた人を見ないのである」

実はこれ、日本の人材育成の永遠の課題ともいえる。横並びを良しとする日本社会では、それぞれの才能や個性は軽んじられて、才能を使って伸ばしてあげようという発想はない。全員を同じレールに乗せ、そのレールに乗らない者には居場所がない。しかし、松陰はこう言う。

「人にはそれぞれできることとできないことがある。物が同じではないというのは物の本質である」

これは真理だろう。

同じではない人を1つの同じレールに乗せるのではなく、それぞれの人に合ったレールを用意して、乗せてあげる。一人ひとりの才能や個性を尊重して、伸ばしてあげる。これが自然であるし、社会にとっても大きなメリットになる。

指導者としては認識を深めなければいけない点だろう。

【ルール・その42】

人間には、人間として守るべき5つの道理がある。なかでも、君臣と父子の関係がもっとも大切である。

人には五倫《ごりん》あり、而して君臣父子を最も大なりと為す

『士規七則《しきしちそく》』

これは『士規七則』の言葉である。

『士規七則』は、野山獄時代、叔父・玉木文之進にたのまれて、息子・玉木彦介（Ｐ89）への元服祝いとしてる贈った言葉である。

表題は「武士道憲法七ヵ条」といった意味で、武士道の精神、あるいは軍人の精神を簡潔に7つにまとめている。ただ、武士や軍人に限らず、もっと広く、日本人として立派であるためにはどうすべきかを示しているといえる。

第一条に掲げられているのが、この言葉。「人間とは何なのか」を述べている。

人間には、人間としての道があって、それをきちんと行っているからこそ、人間といえる。もしそれが行われていなければ、人間の道を踏み外す。人間の道を踏み外してしまったら、それは動物と同じだ。

人間の5つの道とは、君臣関係における忠、親子関係における孝、夫婦関係における和、兄弟関係における友、朋友関係における信、である。

なかでも、君臣関係における忠、親子関係における孝が大切であると言っている。

上司や先生へのリスペクト、そして親孝行——。価値観が多様化する現代にあって、見失いがちなことであるが、日本人として、いや人間としてこれは基本である。

【ルール・その43】

人の精神は目にあらわれる。だから、人を見るときには目を見よ。

人の精神は目にあり。故に人を観るは目に於《お》いてす

『講孟箚記』

その人がどんな人か、どんな考えをしているか判断するとき、相手のどこを観察するだろうか？

松陰は、目を観察するように教えている。

瞳がクリアですんでいれば、その人の心は正しいし、瞳が暗くよどんでいれば、その人の心は正しいとはいえないのである。

瞳を観察すれば、よこしまな考えをもっていないか、すべてはっきり見分けることができる。

だから、どんなに言葉や表情でつつしみ深いふりをして見せても、目を観察する人物にかかれば、すべて見透かされてしまう。

「見せかけの行為は、人を関心させたり、信用してもらう価値はない」

と松陰は断言する。

【ルール・その44】

立派な人が尊ばれるのは、その言葉ではなく、これまでの実績による。

聖賢《せいけん》の貴《たっと》ぶ所は、議論に在らずして、事業に在り

『久坂生《くさかせい》の文を評す』

この言葉は、松下村塾時代の１８５６（安政３）年6月、久坂玄瑞（Ｐ23）に対する文書のなかにある。

松陰はここで、事をなすには、自分の立ち位置を見極めることからはじめるように説いている。上司なら上司、部下なら部下の立場から出発して考えるべき、ということだ。

例えば、まだ何の実績もない社員が、会社の改革案などを言葉巧みにプレゼンしたとする。周りの者は、発言者の立場をふまえて内容を吟味するので、それがいくら立派な正論だとしても、簡単には受け入れられないだろう。

ところが、仮に同じ案を、大きな実績のある部長クラスが言ったとすると、それは受け入れられる可能性が高い。周りの者は、部長の背後にある大きな実績をふまえて判断するからだ。つまり、そういうことである。

まだ、実績のない社員なら、実績を積み上げることからはじめる。いいプレゼンを打てば採用されるだろうと考えるのは、やり方としては浅はかとしか言いようがない。

そこで、この言葉になる。

「立派な人が尊ばれるのは、その言葉ではなく、これまでの実績による」

実績という裏打ちがあれば、人は納得して動く。べらべらと言葉を費やして説明する必要もないのだ。

【ルール・その45】

立派な人には3つの楽しみがあるが、天下を治める王となることは、そのなかに含まれていない。

君子に三楽《さんらく》あり
而《しかう》して天下に王たることは、与《あづか》り存せず、云云《うんぬん》

『講孟箚記』

立派な人（君子）には3つの楽しみがあるといわれる。

1つ目は、父母が健在で、兄弟に心配がないことである。この楽しみは、多くの人が享受しているはずだが、あまり実感していない。家族に恵まれていた松陰もこれには反省していた。家族とのんびり毎日を過ごすことは、第一の楽しみであり、感謝しなければいけない。

2つ目は、自分の行いが正しく、天にも人にも恥ずかしいと思うところがない、ということである。普通の人ならば牢獄に入っていたら恥じるところだが、松陰は恥じるどころか、自分にとっては誇らしいとさえ思っていた。人がどう思おうと、自分の行いが正しいと確信して行動できていたからだ。自分に恥じないことをする。これが第二の楽しみである。

3つ目は、優秀な人材を得て、これを教育することである。立派な人には、教育の楽しみがある。教育がなぜ楽しみになるかというと、自分の才能や徳行《とっこう》を見せびらかすことができるからではない。立派な人は、後世に対して責任を負っているから、将来を担う人材を育てる教育に楽しみを感じるのだ。これが第三の楽しみである。

この3つの楽しみのうち、1つでももっていたならば幸せである。これらを楽しみと感じることができるかが、立派な人になるための試金石となりそうだ。

立派な人にとって、この3つ以上の楽しみはない。たとえ天下を治める王になれる可能性があったとしても、その喜びは、この3つの楽しみにはまったくかなわないのである。

【ルール・その46】

仁愛がなければ人が集まることはない。

仁愛ならざれば群する能《あた》はず

『叢棘随筆』

人を導くリーダーにとって、もっとも大切なものは何だろうか？

知性や能力、責任感、情熱、行動力などがあげられると思うが、松陰は、もっとも肝心なものとして「仁愛」をあげている。

仁愛とは、人を恵み慈しむ心である。仁愛をもって、部下ともふれあうことが大切なのである。

しかし、世の中を見回しても、仁愛をもって部下と接するよう心がけているリーダーというのは、稀ではないか。部下を慈しむ心が大事と言われても、なぜそんなことをしないといけないのか、だいたいの人は理解できないだろう。

仁愛はなぜ大切なのか？

ある組織があったとして、そのリーダーに仁愛がなければ、人は集まらない。人を虫けらのように扱うリーダーの下で働きたいと思う人はいないからだ。人が集まることがなければ、他よりも優れた組織になることはない。優れた組織にならなければ、人を雇ったり養ったりすることはできない。組織はどんどん縮小するだけである。

これでおわかりだろう。組織運営は、仁愛につきるのだ。リーダーならば、真剣に考えなければいけないことである。

【ルール・その47】

その人の長所を取り上げ、短所を見ないようにし、気持ちを察して、結果を見ないようにする。そうすれば、どこであろうと人に慕われる。

長を取りて短を捨て、心を察して跡《と》を略らば、則ち天下いづくにか往くとして隣《りん》なからん

『徳、字は有隣の説』

リーダーとして大事な心構えである。

自分の判断基準だけで他人を批判したり、１つの失敗だけでその人を責めたり、長所よりも短所を見て評価する。これらは、ついやってしまいがちである。しかし、人間としては器が小さいと言わざるをえない。

指導的立場にある者がこうした態度でいるならば、部下のやる気は低下するばかりだろう。心が離れていくばかりか、本当に去っていく恐れもある。

松陰は、『武教全書　用士』においても、こう述べている。

「ちょっとした失敗を理由に人を見捨てていては、すばらしい才能をもった人は決して得ることはできない（小過《しょうか》を以て人を棄てては、大才《だいさい》は決して得《う》べからず）」

成功とか失敗とか、目に見える結果で人を判断しているようでは、リーダーとしては未熟。人物そのものを見るべきである。

心と心で接することを心がけ、懐の深いリーダーとなれば、自然と人に慕われる。どこに行っても、人が集まってくるようになる。

【ルール・その48】

世の中には、
賢い人と愚かな人がいるとはいえ、
誰でも1つや2つの才能はあるものだ。
それらを開花させて成長すれば、
完璧で素晴らしい人物となるだろう。

人《ひと》賢《けん》愚《ぐ》ありと雖《いえど》も、各々一二の才能なきはなし、
湊合《そうごう》して大成する時は必ず全備する所あらん

『福堂策（上）』

この言葉のある『福堂策（上）』は、野山獄につながれていた時に書かれた。ちょうど獄中で『孟子』の講義を囚人たちに向けてはじめて間もなくのことである。

「罪人といえども、教育によって善の道に進むことができる」

というメッセージが、この『福堂策』の底流にある。

ただ、理想を語るのは簡単である。野山獄の囚人のほとんどは、一生をこの獄で暮らさなければならなかった。50年間近く獄にしばられた老人もいた。若造が何を語ったところで、聞く耳をもたないのがふつう。だが、松陰は違った。誰に対してもへりくだり、年長者を敬い、自らは読書に励んだ。実家から食べ物が送られてくれば、みんなにふるまった。

やがて、ほとんどの者が松陰の勉強会に集まった。

『孟子』に学ぶ松陰は性善説に立っている。どんな身分でどんな境遇の人間にも、必ず何かしらの才能が眠っている。だから、自ら努力して才能を磨くことで、生き甲斐を見出すことができるし、すばらしい人間になれる、と諭した。勉強会では、囚人一人ひとりがその特技に応じて、習字や俳諧などの先生となった。

松陰は知人にこう書き送っている。

「仮に私がここで天寿を全うするようなことになるならば、数十年のうちに、獄中から1人か2人の優れた人物が育っていくでしょう」

【ルール・その49】

たった1つでも意見が合わないのであれば、自分の意見を変えてまで人に従ってはいけない。また、人を強要して自分の意見に従わせようとするのもいけない。

一事《いちじ》も合はざるものあるときは己《おの》れを枉《ま》げて人に殉《したが》ふべからず、又、人を要して己れに帰せしむべからず

『黙霖《もくりん》あて書』

松陰は野山獄時代に、安芸国長浜（現・広島県呉市長浜）出身の宇都宮黙霖と知り合った。といっても、書簡を通してである。

黙霖は、20歳で患った熱病のため聴覚を失い、言語も不明瞭だったと伝えられる。

2人の文通は、松陰が野山獄を出て実家の杉家にもどった翌年の1856（安政3）年の夏、激しさを増した。

黙霖は天皇親政を実現しようと考える、さすらいの勤皇僧である。勤皇論と倒幕論をさかんに訴えるが、このころの松陰は倒幕論にはいたっていない。黙霖のあまりの過激さに、さすがの松陰も辟易していた。

ときに、松陰の思想を罵倒して修正を加えようとする黙霖に対し、松陰が記した言葉がこれだ。なにがあろうと、自分の意見や人の意見というのは尊重されるべきである、そこを変えてまで人に合わせる必要はない、ということである。

激しい議論を交わした2人は、さいごは和解にいたった。ただ結局、生涯一度も顔をあわせることはなかった。

【ルール・その50】

言うべきでないのに言うのは、人の心を引きつけようとしているだけだ。

言ふ可《べ》からずして言ふは、是、言を以て之を餂《と》るなり

『講孟箚記』

べらべらとしゃべって自分の才能をひけらかそうとする人がいる。このような人は、だいたいは、あまり周りから好かれないのではないか。一方、正論を主張して、多くの人々の代弁者となって注目を集める人がいる。このような人は、結局、本心から人々のことを思っているわけではなく、自分の利益のことしか考えていない場合が多い。よく見極める必要があるだろう。松陰は、ここに掲げたような孟子の言葉を引用する。

「言うべきでないのに言うのは、人の心を引きつけようとしているだけだ」

大事なことは、私心を排して、本当に人々のことを思って発言できるかどうかである。

では、むしろ発言しないほうがいいのではないかと思うが、それもよくない。

「言うべきであるのに言わぬのは、言わぬことによって人の心を引きつけようとするものである」

という孟子の言葉があるのだ。黙っていることによって、人に信頼されようと考える人もいる。べらべらしゃべるよりも、黙っているほうが度量があって、知的に見える。信頼も尊敬も得られる。しかし、これはこれで私心があるわけで、憎むべき態度である。

みだりに黙ることなく、みだりに主張しない。いずれにしても、人の心をむやみに引こうと考えてはいけない。へたに計略を練らずに、真心から発言したい。

【ルール・その51】

人として優れた母がいれば
人として優れた子がいる。

賢母《けんぼ》あらば賢子《けんし》あり

『周布君の太孺人某氏八十寿の序』

この言葉は、長州藩士・周布政之助《すふまさのすけ》について書いた文書にある。

周布は、藩校・明倫館に学び、若くして長州藩の政務役筆頭となり、藩政を仕切った人物である。ペリーの黒船ショックをきっかけに、尊王攘夷を説く改革派となると、藩内の派閥争いに敗れ、１８５５（安政２）年に辞職させられた。しかし、１８５８（安政５）年に政務役に返り咲き、松下村塾の若き志士たちのよき理解者となった。

周布は、たいへんな親孝行者として知られていた。学校では、学問の成績ではなく、親孝行をもって表彰されたという。

「貧しい家庭の子どもは、着る物も食べ物もないから、がんばって働いて、着る物と食べ物が得られれば、それで親孝行といわれる。ただ士族は、着る物と食べ物はすでに足りているから、親孝行といわれるのは簡単ではない。周布の孝行がいかにすばらしいものかがわかる」

と松陰は言っている。

また松陰は、周布の母親に会ったことはないが、周布のことを見れば、その母親が教えてきたことの素晴らしさがわかる、と言った。

だから、「人として優れた母がいれば、人として優れた子がいる」ということだ。

これは、母子関係にかぎらないだろう。人を育てる立場にある者は、心したい言葉だ。

第4章

機能するチームの作り方

【ルール・その52】

先生と弟子にしろ、友達同士にしろ、みんな、それぞれ人徳をもって交際しているのである。自分の身分や地位などを心にたのみ鼻にかけるべきではない。

師弟朋友皆徳を以て交はる者なり。挟《さしはさ》む所あるべからず

『講孟箚記』

松陰はこの言葉について、あとに紹介する「友達とは、その人徳を友達とするものだ」（Ｐ１９８）という言葉とあわせて考えるようにすすめている。

人は誰もが「人徳」をもって交際している――。このことは、人の上に立つ者なら、なおさら心すべきだろう。

例えば、現代のシチュエーションで　社長が社員に接するとき、礼儀を欠いた姿勢は非難されるべきだが、かといって、礼儀にばかりこだわることも誤りである。つまり、「礼儀」という形だけにとらわれているのが誤りなのだ。社員に対して「人徳」をもって接していれば、礼儀というものは自然とついてくるものなのである。

また松陰は、師の佐久間象山の次のような言葉を引用する。

「今日、国家が非常の際でありながら、国政を執り行う者たちは、高くかまえて身分を誇り、人を見下し、身分のない人たちにへりくだることをしない。これでは国の行く末はしれている」

人徳をもって人と接しているか、これは組織の行く末にも深く影響することなのだ。

【ルール・その53】

人とのつきあいにおいて
もし相手に怨みや怒りがあるならば、
すぐに自分の信じるところを
まごころをもって言うべきである。

凡《およ》そ人に交はるの道、怨怒《えんど》する所あらば、
直《ただ》ちに是れを忠告直言すべし

『講孟箚記』

相手に怨みや怒りがあるのなら、それをいつまでも根にもっていないで、すぐに言うべきである、と松陰は教える。

日々の人間関係においては、怨みや怒りがあったとしても、それは心にしまって普通につきあうほうがスマートなようにも思えるが、本当の友人同士であるならば、あるべき姿ではない。なるべく早くわだかまりを解消しておくべきだ。わだかまりを抱えたままつきあう友人関係ほど残念なものはない。相手にも失礼だ。

いつか機会がきたら伝えようと思っているのなら、なおさら臆病者といわざるをえない、と松陰は断罪する。

松陰は、孔子の『論語』の言葉を引用する。

「怨みをかくしてその人を友とすることは、先輩の左丘明《さきゅうめい》（孔子が尊敬したとされる先輩）も恥ずかしいとしたが、私もまた恥ずかしいと思う」

怨みや怒りがあるのなら、すぐに相手に伝えて、話し合うべきである。伝えることもできないのなら、怨みや怒りをもつ資格もない、ということだ。

【ルール・その54】

自分の上司ではできないからとそのままに放っておくのは、裏切り者である。

吾が君能《あた》はずとする、之れを賊《ぞく》と謂《い》ふ

『要駕策主意』

間違いを指摘したい、何か新しいことをやりたい、と考えても、「うちの上司にはできないから」「うちの社長では理解してくれないから」などと、あきらめてはいないだろうか。

松陰に言わせれば、こんな人たちは「賊」である。裏切者である。反逆者である。

「いや、これまで上司の間違いを指摘したし、新しい提案もしてきた。でも、聞き入れられなかったんだ。だからもう自分の心を押し殺して、上司にしたがうことにしているんです」と、反論する人もいるだろう。しかし、松陰はこの姿勢にも賛成しない。

「昔から忠臣と呼ばれた者で、自分を押し殺して君主に仕えるような心の配り方をした者があっただろうか」

つまり、表向きは上司にしたがっているようでありながら、裏ではあれこれ反対のことを言っている。この悪賢さは許されないのである。

できない理由を、社長や上司に求めてはいけない。他の上司ならできたのか、自分の上司より優れた上司というのは本当にいるのか、考えてみなければいけない。結局、どんな上司だったとしても、あきらめてはいなかっただろうか。

自分がどのような目に遭おうと、上司に言うべきことは言う。聞き入れられなければ、それを理由に上司のもとを去るまでだ。そうすれば、その上司の過ちは暴露される。それぐらいの覚悟を松陰は望んでいる。

【ルール・その55】

立派な人のつきあいというのは、さっぱりとしていて水のようである。つまらない人のつきあいは、濃厚で、まるで甘酒のようだ。

君子の交《まじわり》は淡くして水の如《ごと》く、
小人の交は濃くして醴《あまざけ》の如し

『講孟箚記』

この言葉は何をいわんとしているか?

立派な人というのは、心が広く何事もうけいれ、淡々としているからこそ、そのつきあいは長期にわたり、いつまでも変わらない。

ところが、つまらない人というのは、私利私欲を目的につきあいをはじめるので、へんに固い友情を結ぼうといきごんでくる。思うようにいかないと、怒ったり、怨んだり、何かにつけて争いになる。はじめは関係が深くなるかもしれないが、トラブルはたえず、つきあいは長つづきしないということだ。

また、誰かを敬愛して、一時的に感情が盛り上がることがある。ときには、なんとか関係を結ぼうとして、常軌を逸した行動に出てしまうこともある。しかしこの場合も、結局は長つづきしない、と松陰は戒める。水のようなさっぱりしたつきあいのほうが、長つづきするのだ。

恋愛にも言えることだろうか。

【ルール・その56】

すべてにおいて大切なことを決めて行うときは、必ずみんなの意見が一致したものを採用すべきだ。

総じて大事を挙げ行ふ時は必ず衆議帰一の所を用ふべし

『将及私言』

1853（嘉永6）年6月、久里浜に上陸したペリー総督がアメリカ大統領の親書を幕府側にわたした。松陰は、見物人にまじってその様子をしっかりと目に焼き付けていた。

「アメリカという新興国に日本が屈したのだ。これを目の当たりにして悲しみ、腹を立てない者がいるだろうか。幸いなことに、アメリカ艦隊はいったん引き上げ、再び来航するという。そのときこそ、日本刀の切れ味を見せてやる」

松陰は興奮をおさえきれず、親友の宮部鼎蔵《みやべていぞう》にこう書きつけている。しかし、すぐに冷静さを取り戻すと、「戦わずして勝敗は明らか」「天下が瓦解することはそう遠くない」と、兄・梅太郎あての手紙に書いた。日本が軍事力で圧倒的に劣っていることを認識したのである。

このころから松陰は、外圧に対する危機管理をまるでやってこなかった幕府への不信感を強めていった。そして、いてもたってもいられなくなった松陰は、同年8月に藩主・毛利敬親に意見書『将及私言』を提出した。

『将及私言』に、この言葉が掲げられている。

昔の優れた君主というのは、常に政務について臣下の訴えや話し合いを聞いていたが、時代が下ると、君主は奥に引っ込み、臣下ばかりが議論するようになった。平時ならまだしも、有事には、これではいけない。常に臣下のそばで議論に加わり、重要な決定では必ず全員の意見が一致したものを採用すること。松陰は、こう説いている。

【ルール・その57】

だれか一人が切り出せば、
それは十人になり、
やがて百人、千人になる。
千人が意見を言うようになれば、
一つの意見も聞き入れられないという
ことはないはずだ。

一人能く諫むれば十人亦諫め、百人千人亦諫む
諫めて千百に至らば、安んぞ其の一聴なきを保せんや

『要駕策主意』

現代的に言い換えれば、相手が部長であろうと、社長であろうと、言うべきことは勇気をもって誰かが言うべきである、ということ。1人が言い出せば、みんなも言いはじめる。それによって意見が聞き入れられ、何かが変わるかもしれない。

この言葉は、松陰が野山獄から門人に「要駕策」を指示したときのことを記した『要駕策主意』（1859年2～3月）にある。

前述（P91）のように、この計画には、多くの門弟が反対した。唯一、入江兄弟だけが協力し、実際には弟・和作が実行役となった。だが結局、この計画は失敗した。

このころの門人たちは松陰に批判的となっていて、彼らは、「何を言ったところで、長州藩のなかに耳を傾けてくれるような理解者がいないのだからやっても無駄」とはじめからあきらめていた。

しかし、無益なことはない。失敗したから、無駄だったともならない。

だれか1人が立ち上がれば、変わる可能性がある。立ち上がらなければ、何も変わらない。松陰はそう訴えている。

【ルール・その58】

人にはそれぞれ自分の境遇がある。
それを無視して
ほかを望むことは、
あるべき生き方ではない。

人各〻《おのおの》位あり、位を去りて外を願ふは、
素行の道に非《あら》ざるなり

『溝三郎の説』

「僕は商人をやめて医者になりたいのですが、どう思いますか？　商人は楽しくありません。金持ちにぺこぺこしてへつらわないといけませんから」

門人の吉田栄太郎（P67）は江戸遊学に際して3人の若者を松蔭に託していった。そのうちの一人である14歳の溝三郎がこう言ったとき、松陰は、鋭く言い放った。

「人にへつらわなければ、商人もできなければ、医者だってできないぞ！」

それから松陰は、孔子にまつわる2つの言葉を引き合いに出す。

1つは、「渇しても盗泉の水を飲まず」。これは、孔子が山東省泗水県の泉のそばを通りかかったとき、喉が渇いていたにもかかわらず、「盗泉」という名前が身を汚すと考えて、その水を飲まなかったという話に由来する。立派な人というのは、どんなに困っていても、決して不正は行わないということだ。もう1つは、孔子の言葉で、「志士は溝壑《こうがく》に在るを忘れず」。立派な人は、目標の実現のためには、死んで自分の遺体が溝や谷間に棄てられるくらいのことは覚悟している、という意味である。

「盗水を飲まず、溝壑にあることを忘れなければ、商人だろうが、医者だろうが、立派にやり遂げることができる」

松陰は言う。何の職業に就くか、どんな地位に就くか、そんなことは重要ではない。与えられた職務をそれ相当の覚悟でやりとげる、これができるかどうかが問題なのである。

【ルール・その59】

つまり、簡単にすることだ。

易簡《いかん》是れなり

『将及私言』

「実際に役立つことを行う」「それだけを行う」「ずっと行う」――、この３つを合わせて「誠」という。何事をなしとげるにも、この３点が大事である、と松陰は言う。

リーダーにとってもこれは大事。部下とともに何かをなしとげたいときは、この３点を心がけたい。しかし、これを実践するには一工夫必要である。その一工夫が、こうだ。

「つまり、簡単にすることだ」

どういうことかというと、物事というのは、意味もなく煩雑にできている。例えば、会社内の手続きがそうである。ちょっとした企画を通すにも、いくつもの会議や部署、上層部の承認を得なければならない。せっかくのいい企画も、煩雑な手続きにさまたげられてしまう。こうした組織では、何事かをなしとげることが難しくなる。

そこで松陰は、『易経』の言葉を引用する。

「人のなすところが簡単なときには知りやすく、したがいやすい。したがいやすいときには協力が得られ、効果が上がる。親しみがあればそれは長つづきするし、効果が上がればそれはだんだんと大きくなる」

煩雑な手間や手続きを取っ払って、できるだけ物事を簡単にする。企画の承認は各部署に一任するなど、社員の仕事をやりやすくする。部下にとって、わかりやすい仕組みや親しみやすい環境を作ってあげることは、リーダーにとって大事な務めである。

【ルール・その60】

罪は事件にあって人にはない

罪は事にあり人にあらず

『福堂策（下）』

野山獄時代の『福堂策（下）』のうち、1855（安政2）年9月の書にある一文である。「罪は事件にあって人にはない。1つの罪によって、どうしてその人のすべてを否定することができようか」

罪は事件のなかで犯したものであって、もともとその人に罪があるわけではない、という、驚くほど大胆な解釈を示している。

「事件について反省していれば、もとの人間になる。罪は病のようなものである」

松陰は、こう言うのである。性善説に立つ松陰は、罪を咎めるようなことをしなかった。

野山獄の囚人たちも、3年たって心を改めれば、出獄させるべきだと言った。

「過去を後悔し前非《ぜんぴ》を悟るようになっても、なお出獄を許さないのは、まさしく、逃げ出した豚を檻《おり》に入れたうえに四つ足を縛るようなもので、ひどい仕打ちだ（『講孟箚記』）」

とまで言って非難した。また松陰は、別の場面でこう述べている。

「心ある立派な人は、罪を数えあげて、人を厳しく責め咎めることをしない（聖人固《もと》より苛数を以て人を責めざるなり『小田村士毅に与ふ』安政4年4月7日）」

大なり小なり、人は罪を犯してしまうものである。その罪の一つひとつをいちいち咎める人がいるが、これはつまらない態度としか言いようがない。罪そのものよりも、その人そのものを見てあげなければいけない。

【ルール・その61】

立派な人というのは、ある人と絶交しなければならなくなったとしてもその人の悪口を言わない。

君子は交り絶ちて悪声を出さず

『講孟劄記』

これは中国・戦国時代の燕《えん》の武将・楽毅《がくき》の言葉である。

ある人と絶交したとしても、その人の悪口を言わない。あるいは、仕えていた国を去るとしても、自分だけは潔白だったなどと自己弁護することはない、と教えている。

孟子は、斉王に仕えていた。斉王が全く聞く耳をもたなかったため、国を去る決心をしたが、斉王を怨んだり、斉王の過失をあげて自分が正しかった、などと人々にふれまわることもなかったという。なるほど、それは見習おうと思うだろう。ただ松陰は、「ことさら上辺を飾って、立派な人のふりをしろということではない」と釘をさしている。

さて、松陰は自らの行動で示している。

死の年の1859（安政6）年5月、野山獄にあった松陰に「江戸移送」の知らせがとどいた。松陰は、江戸で幕府の取り調べを受けることになった。

州藩によって野山獄にしばられていた松陰は、藩に対する怨みをもってもおかしくない立場にある。江戸で長州藩の「悪口」を言ってもおかしくないのだ。ところが、「江戸移送」の知らせを聞いた日の夜、松陰は早くも長州藩にこう書き送っている。

「幕府の取り調べのさい、私が藩政府に罪を転嫁するかもしれないという声が聞こえてくる。わかっていない。（中略）私はこれまで他人を不忠とか不義とか罵ってきた人間である。いま、藩に難を招かぬよう、自分の身を犠牲にする覚悟くらいはできている」

【ルール・その62】

父母に孝行する気持ちがないなら、いくら世の中ですばらしいことをしてもたいした人物とはいえない。

父母に順ならざれば、
天下の快ありと雖《いえど》も、亦何ぞ言ふに足らんや

『松浦無窮に与ふ』

松下村塾の塾生の1人に松浦亀太郎（松洞）がいる。亀太郎は、松下村塾に近い松本村船津の魚屋の次男として生まれ、幼少のときから絵を描くことを得意としていた。萩や京都で有名画家に師事して絵を学び、本格的に絵師への道を歩んでいた。ところが、1856（安政3）年、とつぜん松下村塾に入門した。詩を学び、絵と詩を融合した「詩画一致」の境地を目指そうとしていたのである。

この言葉は、1857（安政4）年11月、肖像画を描く旅に出た亀太郎にあてた手紙に書かれている。松陰は、母がいつも心にとめて気にしているから、大晦日の一晩くらい帰ってきてはどうか、と帰郷をうながしている。

ところで、亀太郎は、「その事蹟を百代の後まで伝えたい」と、偉人たちの肖像画を描いていた。1859（安政6）年5月、亀太郎は、江戸送りが決まった松陰をたずね、出発までのわずかな時間を利用して、正座した松陰の肖像画を8枚描いたとされる。これが今に伝わる貴重な松陰像である。松陰は、その絵を「遺影」として友人たちに送った。

「松洞は自分をよく知る者だから、たんに私の外見を写生しただけではない。この絵の中で私は生きている」

その年、松陰は死刑に処せられる。亀太郎は、松陰のあとを追うように、1862（文久2）年、京都で自決した。

【ルール・その63】

1つとして抜きん出ているものがない者は採用するべきではない。

一も長ずる所之れなきものは、
決して御用《おもち》ひ遊ばさる間敷《まじ》く存じ奉《たてまつ》り候《そうろう》

『文武稽古万世不朽の御仕法立気付書』

１８５０（嘉永３）年の九州遊学（Ｐ１８９）を終えた松陰は、著述に取り組み、翌年２月に藩主・毛利敬親に差し出した。それが『文武稽古万世不朽の御仕法立気付書』である。これは九州遊学の報告書であると同時に、藩主への意見書となっていて、文武両道が教育の要になると強く訴えている。

そしてこの書では、人材登用の方法にもふれている。

重要な役職に人を登用するときは、なるべく若者は避けて、ある程度の見識があり、心の定まった人物を用いるべきだという。学歴や出自がいいからと、まだ見識の定まらない若者を登用してしまうと、周りの者の協力がえられず、失敗するおそれがある。結果的に、本人は小さくまとまってしまい、伸び悩むことになる。本人のためにもよくない。

また、大勢のなかから適任な者を選ぶ際のポイントは、どんなに才能や能力があっても、「１つとして抜きん出ているものがない者は採用すべきではない」ということだ。何か１つでも抜きん出たものをもっている者を選んだほうがいい。

何か１つでも極めた者は、自信をもっているし、そこに至る努力の過程で人間的な魅力が増している。１つを極めたということは、ほかを極めることもできる。そのような人物を活用すべきだという。

【ルール・その64】

水は自ら流れ、木は自ら立っている。国というのも、自分の力によって存在するもの。どうして外の国に頼らなければいけないのか。

夫《そ》れ水の流るるや自ら流るるなり、樹の立つや自ら立つなり、国の存するや自ら存するなり。豈《あに》に外に待つことあらんや

『幽囚録』

脱藩の罪で萩（山口県）に送られた松陰は、1853（嘉永6）年、諸国遊学の許可をえて再び江戸へ向かった。そこへ、ペリーの軍艦が、威嚇の大砲を放ちながら迫ってきた。松陰は、幕府が勇ましく応戦すると思っていたが、実際は、なにもできずに右往左往するだけ。

松陰は、西洋のことを本格的に研究せねばまずいという危機感を募らせる。敵を知るためには、直接に見ておく必要がある。だが、鎖国のその時代、海外渡航の方法はなかった。

そこで松陰は、密航を企てた。海外への密航は、見つかれば死刑。相当な覚悟があったはずだ。はじめは、長崎に停泊していたロシア軍艦に乗船しようとしたが、タイミングを逃し、失敗。そして次に考えたのが、翌年3月に再び姿をあらわしたペリーの軍艦である。

松陰は、弟子の金子重之助（重輔）とともに、小さな漁船を漕いで、軍艦によせる。乗船していた中国人の通訳を介して交渉を行ったが、結局、ペリーの拒絶によって失敗。松陰は潔く自首して、投獄された。このとき、師である佐久間象山も捕えられた。が、象山は怒るどころか、かえって松陰を激励して、密航の目的を書き留めておくように勧めた。そうして獄中で書き上げたのが『幽囚録』である。

『幽囚録』では、日本は海外の文明をとり入れて、自立の道を探らなければいけないと力説している。どんな組織においても、自立した運営が基本となる。外部の大きな力に依存しなければ成り立たないような組織では、自分たちが思うようなプロジェクトは何もできない。

【ルール・その65】

山は樹木によって青々と茂り、国家は人物によって盛んとなる。

山は樹を以て茂り、国は人を以て盛なりと

『矢之介に復する書』

国家について説いているが、企業に置き換えて考えるとわかりやすい。企業にとって何が一番大事になるだろうか？　売上だろうか、株主だろうか、それともお客だろうか。

松陰の考えでは、一番大事なのは、あくまでも人。つまり、社員ということになる。社員を大事にし、社員が元気になれば、企業はより盛んとなるのだ。

『孟子』には次のような話がある。

ある樵《きこり》が、青々と樹々に覆われた山に入った。立派な木がたくさん生い茂っているので、1本ぐらい切ったところで問題はないだろうと、1本の木を伐採した。すると、もう少し伐採しても問題はないだろうと、また1本を伐採した。それがしばらくつづいた。数年後、その山はついに、はげ山になっていたという。

企業経営にも同じことがいえる。能力が劣るから、意見がうるさいから、性格が合わないからと、簡単に社員を切り捨てる。どうせまた代わりを雇えばいいからと……。しかしこれでは、はげ山をつくった樵と変わらない。新たに補充すれば社員が減ることはないかもしれないが、そんな会社にいる社員たちは青々とした立派な木とはいかない。社員を簡単に切り捨てる経営者のもとでは、社員のモチベーションは低下しているからだ。

山を覆う青々とした樹木のように、人を大事に育てることが求められる。これによってはじめて、企業は元気になるのである。

第5章

プロジェクトを成功させる極意

【ルール・その66】

将来にわたる
よい計画をすててしまって、
目の前の手近な効果をとる。
その弊害は
言葉にするのが恐ろしいほど大きい。

永久の良図《りょうと》を捨てて目前の近郊に従ふ、
其の害言ふに堪ふべからず

『講孟劄記』

紀元前４世紀、商鞅《しょうおう》の変法によって国力を増大していた隣国・秦の脅威にさらされていた魏の恵王は、自国を守る知恵を求めて孟子を招いた。恵王は、はじめて対面した孟子に、

「どうやったらこの国で富国強兵をはかることができるだろうか？」

と尋ねる。まっとうな質問である。しかし孟子は、次のように答えた。

「必ずしも富国強兵を求めるべきではない。道理があるのみである」

どういうことだろうか？　松陰は、すばらしい格言で解説している。

「まずは道理にしたがえば、その効果は自然とやってくる（道理を主とすれば功効《こうこう》は期せずして自《おのずか》ら至る）」

ということだ。つまり、正しい道を行うことを目標にすれば、自然と結果はついてくるということである。国家として正しい道を行えば、自然と富国強兵はできる、ということだ。反対に、富国強兵をする、などという結果のみを求めてしまうと、正しい道を失って、結果もついてこない。

また、結果ばかりを求めてしまうと、間に合わせ仕事となってしまって、完全になしとげることはできない。一時的にいい結果が出たとしても、将来にわたって守ることは保証されていない。つまり、ここに掲げた言葉の通りである。

これは、日々の仕事や会社経営にとっていい金言になるのではないか。

【ルール・その67】

もっぱら敵を知り、己を知ることが大切である。

専ら彼れを知り己れを知るを以て要《えう》と為す

『幽囚録』

最古にして最強の兵法書といわれる『孫子』。中国春秋時代の兵法家・孫武があらわしたものである。松陰は孫子の言葉から、このように説く。

「もっぱら敵を知り、己を知ることが大切である」

敵と味方の実情を熟知していれば、百回戦っても負けることはない（彼を知り己を知れば百戦殆《あや》うからず）という孫武の名言だ。では、具体的にどのようなことを知ればいいのか。

「君主が正しい政治体制をしいているか、大将はいずれの能力が勝っているか、天候や地理的条件はいずれが有利か、法令はいずれがよく行われているか、兵隊はいずれが強いか、部隊はいずれがよく訓練されているか、賞罰はいずれが厳正に行われているか」

ということである。これらのことを、経験によるのではなく、また数字にたよるのではなく、その地の人間の様子をよく観察して実態を把握するのである。

黒船ショック当時の日本は、敵のことがまったくわかっていなかった。なにしろ、1853（嘉永6）年に、たまたま浦賀にやってきたアメリカのペリーと、長崎にやってきたロシアのプチャーチンを、海外の偉大な傑物といえばこの2人だと信じていたくらいだ。

「海外のことについては、ただもう茫然として何1つ正しくは理解していない」

と松陰は嘆いている。現代の勝つか負けるかのビジネス戦争においても、「敵を知り、己を知る」ということは重要だろう。戦略を立てる上でのベースとなる。

【ルール・その68】

敵が弱くなり、衰えてほしいと思うのは、ひどくねじ曲がった心だ。

敵を弱かれと思ひ、衰へかしと思ふは、皆愚痴の甚しきなり

『講孟箚記』

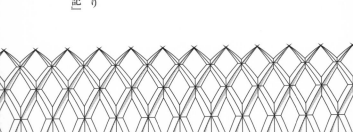

あるプロジェクトを成功させるためには、ライバルの存在が大きな障害になることがある。業界でのシェア1位になるには、他のライバル会社に勝たなければならないし、社内コンペに勝つには同僚がライバルとなり、社外コンペに勝つには他社がライバルとなる。

そんなときふと、ライバルの凋落《ちょうらく》を願うことがある。相手が自分よりも弱くなり、衰えてほしいと思う。しかし、これはあまりにも悲しい考え方だし、ひどくねじ曲がった心というほかない。

「相手のことは、こちらの思うようにはならぬことであるから、こちらとしては自分の努力すべきことを努力することが大事である」

松陰はこう諭す。

そもそも、自分の実力が高ければ、相手の実力を恐れる必要はないのである。

相手のことをあれこれ考えるよりも、自分の実力を高める努力をする、そのことに集中するべきである。

【ルール・その69】

一時的な挫折は
将来に成長するための源である。
挫折など気にする必要はない。

一時の屈は万世の伸《しん》なり、庸詎《いずくん》ぞ傷まん

『投獄紀事』

１８５８（安政５）年11月下旬、長州藩から叔父・玉木文之進を通して投獄命令が伝えられた。理由は「学術不純、人心を動揺す」とされたが、長州藩としては、老中・間部詮勝の暗殺を企てるなど言動が過激さを増す松陰を鎮めたかったようである。

松陰が再投獄されると聞いた入江杉蔵ら８人の塾生は、憤慨した。

「先生の学術が不純で罪になるのなら、その講義を受ける我々も罪になるではないか！」

８人は、藩の重臣である周布政之助と井上与四郎の屋敷におしかけた。しかし、２人は面会を拒み、城下を騒がせた罪で８人に自宅謹慎を命じた。

12月５日、長州藩から正式に「御聞込の趣」という罪状で、松陰に投獄指令書が届く。

「御聞込の趣」とはいったい何をさしているのか？　説明はない。

「罪名を明白にしなければ、獄に入ることはない」

松陰は、珍しく藩の命令に逆らった。そこへ藩から、松陰が入獄すれば塾生の罪はすぐに免除する、という交換条件が示された。松陰は、塾生を解放するために入獄をのんだ。

12月26日、松陰に護送用のかごが来る。このころ、父・百合之助は神経性の病気にかかり、命が危ぶまれていた。そんな病床の百合之助が、にこりとして言う。

「一時的な挫折は将来に成長するための源である。挫折など気にする必要はない」

３年ぶりの野山獄。その夜は、さすがにくやしくて、一睡もできなかった。

【ルール・その70】

苦しみが大きいときには、その後にくる喜びも大きく、苦しみが小さいときには喜びも小さい。

苦の甚だしかりしものは、楽も亦甚《また》だし
苦の小なりしものは、楽も又少なし

『金子重輔に与ふる書』

これは、ペリー軍艦密航事件の共犯者となった、弟子の金子重之助（重輔）にあてた言葉である。彼は武士ではなく、足軽身分とされたため、松陰よりも過酷な扱いをうけた。

江戸の伝馬町の牢獄は、松陰は武士専用で、書物を読むことのできる落ち着いたものだったが、重之助は農民専用の牢獄。衛生面は劣悪で、すぐに病気を患った。

松陰は、重之助を手紙で励まし、牢獄を変えてもらえるように親友たちを通してかけ合ったが、かなわなかった。萩（山口）に移送されるとき、5カ月ぶりに見る重之助は、立つこともままならない重病で、松陰を見て、ぼろぼろと涙を流すだけだった。

「ひと目、父母の顔さえ見ることができれば、うらみはありません……」

萩でも、牢獄は身分によってわけられた。松陰は野山獄に、重之助は岩倉獄へ。姿を見ることはできない。松陰は、重之助をなんとか励まそうとする。苦しみが大きければ、あとで喜びは大きくなると、この言葉を送ったが、重之助に二度と喜びは訪れなかった。

1855（安政2）年、松陰は人づてに重之助の死を知る。

このとき松陰は、重之助に恥ずかしくない生き方をするのだと誓った。

「死んだ友を、裏切るような生き方をする者を、どうして男らしい男と呼べるだろうか（死友に負《そむ》く者、安《いずく》んぞ男子と称するに足らんや『照顔録』）」

松陰、死の年に書いた言葉にも、重之助への誓いは深く刻まれていた。

【ルール・その71】

学問でも仕事でも決して急いではいけない。

学問にあれ事業にあれ決して急ぐべからず

『門弟に』

松下村塾に入門したての塾生がこんな質問をした。

「私は暗記が苦手です。例えば、今日読んだ書物も次の日になるとすっかり忘れてしまいます。どうすればよいでしょうか？」

するとと松陰はこう答えた。

「何も心配することはない。書物というものは、一度にすみずみまで理解しようとしたり、暗記しようとしてはいけない。内容がやさしいところから難しいところへ、順番に繰り返し読めば、自然と意味がわかり、しだいに頭に入るようになる」

これを聞いた塾生は少しほっとした。すると、松陰はさらにこう言う。

「もともと暗記に強い者は、それをたのみにして復習を怠るから、最後には暗記に弱いものに劣るものである。学問でも仕事でも決して急いではいけない」

暗記に自信のない人も励みになる言葉だ。

松陰にあたたかく見守られ、落ち着いて勉強に取り組むことができた松下村塾の塾生たちは、みるみる学力を伸ばした。

１８５８（安政５）年3月、藩校の明倫館が行った読力の試験では、試験を受けた塾生15人全員が合格の「甲」の成績をとったという。松陰は教育者として一流であったことを結果で示した。

【ルール・その72】

いくらやってもできなければ、できるまでやめなければいい。

之れを為して成らずんば輟《や》めざるなり

『諸生に示す』

この言葉のある『諸生に示す』という文書は、松陰が松下村塾の塾生たちに向けて示したものである。松陰の集団教育に対する考え方を知る貴重な資料となっている。

松陰は塾生のことを、「諸生」または「諸友」と呼んだ。松陰は、師弟関係をとらず、足軽だろうと、町人だろうと、他の国の藩士であろうと、対等に接したのである。これほどの平等感覚は、厳格な身分制度が根をはる幕末においてはかなり特異なものだっただろう。

さて、この言葉。

「いったん立てた目標に対して、1カ月でできなければ、2カ月かけてもこれをなしとげたい。2カ月でもできなければ、100日かけてもこれをなしとげたい。そして、いくらやってもできなければ、できるまでやめない」

と、述べている。

「いくら時間がかかっても、できるまでやめない」ということが大切なのである。もちろんこれは簡単なことではないが、これほどの気概がなければ、なにごともなしとげられない。

門弟の高杉晋作も、同じような意味の言葉を短歌形式で残している。

「おくれてもおくれても又君たちに誓いしことを忘れめや」

どんなに実現が遅くなってしまっても、みんなと誓った約束を、絶対に忘れずにやりとげる、ということである。

【ルール・その73】

人間は、父母や妻子がいると、こころざしが変わることがある。だからこそ、こころざしを確実なものとする鍛錬を怠ってはならない。

人は父母の存没妻子の有無等にて時々変革あるなり
確節《かくせつ》の修行怠るべからず

『佐世八十郎・岡部富太郎・入江杉蔵あて書簡』

これは、１８５９（安政６）年1月10日、「要駕策」（Ｐ91）を計画しているころに書かれた手紙である。

長州藩士の佐世八十郎《させやそうろう》、同じく長州藩士で松下村塾の門人・岡部富太郎、そして長州藩の足軽・入江杉蔵の３人にあてられている。野山獄にいた松陰は、この３人を派遣して、計画を実行するつもりだった。

だが、このような奇策をやりとげるには、迷いの一切ない強い気持ちが必要である。

そこで、この言葉である。

父母や妻子がいる者にとっては、肉親を裏切ったり、見捨てるような行為は、簡単にできるものではない。かなり酷な要求だ。しかし、重要なこころざしを全うするには、それくらいの覚悟が必要。常日頃から鍛錬するように松陰は訴えている。

ところで、要駕策の実行役となったのは入江杉蔵だったが、その杉蔵は、いざ出発というときになって、貧乏な唯一の母を見捨てるのにしのびなくなった。気持ちがゆらいだ杉蔵は、そのとき自宅謹慎中だった16歳の弟・和作に代役をたくしたのである。

つまり、松陰が心配したことが土壇場でおこってしまった。

一方、佐世八十郎と岡部富太郎にいたっては、田原荘四郎らとともに、この企てを藩に密告するという松陰への裏切り行為に出た。こうして要駕策は失敗した。

【ルール・その74】

やめるのは死んだあとでいい。

死して後已《や》むのみ

『福原清介に復す』

松陰は言う。

「心をつくし、能力をつくし、これまで蓄えた力をすべて発揮して、出し惜しむことのないようにしなさい（願はくは心を竭《つく》し力を尽し、蘊《うん》を発して惜しむなかれ）」（1849［嘉永2］年『児玉君管美島軍事を拝するを賀する序』）

いったんやるとなったら、できるまでやめない。

いったん目標が定まったら、あとは全身全霊やるだけである。体力と精神力、もてる力をすべて出し尽くすだけである。

松陰をはじめとする幕末の志士たちには、これほどの激しい情熱があった。国家の危機を乗り越えるため、命をも捧げる覚悟だった。

明倫館在職中の兵学門下生で友人だった、福原清介（号は周峰）への手紙（1857［安政4］年6月）には、檄文がそそり立つ。

「やめるのは死んだあとでいい」

いつの世にも、どんな人にも、人生をかけたミッションはあるはず。そのときは、この覚悟だ。

【ルール・その75】

事業をはじめることは簡単でも、つづけることは難しい。

創業は難《かた》きに似《に》て易《やす》く、守成《しゅせい》は易きに似て難し

『曹参《そうしん》論』

会社を創ることは、ますます簡単になっている。問題は、経営を維持することだ。現在、日本で起業した会社のうち、5年で2割が撤退に追い込まれているという（『2017年版中小企業白書』）。

松陰が取り上げたこの言葉は、もともとは「創業守成《そうぎょうしゅせい》」という中国の故事に由来する。そのときのエピソードは次のようなものだ。

中国・唐の第2代皇帝・太宗（李世民）が、大帝国を築いたのち、側近たちにたずねた。「国を創ることと（創業）、国を維持することは（守成）、どちらが困難であろうか？」

すると、側近の魏徴は「守成」だと答えた。

「天下を得たあとは、心がおごり贅沢になり、国家の衰退や疲弊を引き起こす恐れがあります。守成のほうが困難です」

太宗は、この答えを待っていたので満足した。

「創業の困難はもはや過去のものとなった。今後は、そなたたちと、心して守成の困難を乗り越えていきたい」

その後、太宗は建国間もない唐王朝の安定化に努め、その治世は「貞観の治」と讃えられ、名君として後世に名を残したのである。はじめることは簡単でも、維持することは難しい。会社経営に限らず、どんなプロジェクトにも言える言葉だろう。

【ルール・その76】

目眩がするほど強い薬でなければ、病気をなおすことはできない。

若し薬瞑眩《めんげん》せずんば、その疾瘳《やまひい》えず

『講孟劄記』

この言葉はもともと、中国最古の文献である『書経』説命《えつめい》篇にある。意訳は右の通りだが、つまりは、「耳にしたくないほどの刺激的な言葉でなければ、こころざしを改めることはできない」ということを言っている。

一般の人は、傑出した人物になろう、というこころざしまで持つ人はなかなかいない。しかし、自分は平凡でいいと思っている人も、強い薬を飲むつもりで、刺激的な言葉を口にしたらどうだろう。

「その分野の第一人者になる」

「この国を治める人になる」

「本気でノーベル賞を目指す」

などなど……。こうして、平凡なこころざしを改めるのである。

課題は、心からその言葉を信じることだ。そのときの雰囲気に流され、恰好をつけて刺激的な言葉を吐く人がいるが、これでは意味がない。松陰も嘆いている。

「聖人になるとか、立派な国にするなどという重大な問題を、茶漬でも食うように無責任に放言するものが多い」

目眩がするほどの強い薬、形だけ飲んだふりをして満足していてはいけない。本当に飲まないと効能はあらわれない。

【ルール・その77】

将来に対する
大きなこころざしを持つのだ。
そうしないと、
眼前の小さな成功・不成功にとらわれ
結局みずから墓穴を掘ることになる。

大志なくんば、区々《くく》の小成敗に頓着《とんじゃく》して、
遂に自ら喪亡《そうぼう》せんのみ

『講孟箚記』

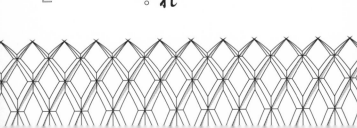

中国・戦国時代の儒学者・孟子は、滕《とう》という国に3年ほどいたことがある。滕は、大国の斉《せい》と楚《そ》のあいだにある小国で、当時、両国から激しい圧迫をうけ危機的状況にあった。すると孟子は、滕の国王・文公に、2つの選択肢があることを説いた。

1つは、民衆の生命を守るため、王みずからは国を去ること。もう1つは、先祖以来、代々守った国であるのだから、絶対に去るべきではない、ということだった。

このうち孟子は、後者をすすめた。次のように言ったのである。

「祖父以来のこの国の防衛に自己の生命を棄てる覚悟を持て」

ところが松陰は、前者の方法にも理解を示す。

例えば、周の先王の1人である大王（太王）は、異民族が侵略してきたとき、争って民衆が無駄に命を落とすことがないよう、異民族に貢ぎ物をしたうえで、土地をあけわたし自らは一族を率いて岐山《きざん》の麓に逃れた。すると、異民族の支配を嫌った民衆が、大王を慕って移り住んできた。この新しい土地で周の国の繁栄がはじまるのである。

みずから去るという決断は、一見臆病なように見える。しかし、大王にとっては民衆の命を優先した決断だった。この決断には大きな度量と力量が必要である。

敵と自分の実情を客観的に分析し、冷静に展望を描き、決断しなければいけない。松陰は、眼前の小さなことにとらわれず、将来への大きなこころざしを持つことを求めている。

【ルール・その78】

自分の目標が定まり、やる気を失ったり迷ったりしなければ、必ず助ける人があらわれる。

吾が志一たび定まりて、沈まず漂はざれば、其れ必ず来り助くる者あらん

『杉蔵を送る序』

入江杉蔵は、松下村塾の四天王の1人である（ほかに、高杉晋作、久坂玄瑞、吉田栄太郎）。彼は、足軽出身と身分は低く、長州藩の江戸藩邸の飛脚をしていた。いちど萩に戻った1858（安政5）年7月に松陰に会い、その秋に正式に松下村塾に入門した。

このころに杉蔵に送った言葉がこれである。

目標を定め、やる気をもってまっすぐに邁進している人には、必ず助ける人があらわれるものだと述べている。そうでなくても、自分からそのような仲間を求めれば、その目標に共感し、助けに応じてくれる人は必ずいるということだ。

「人間だけでなく、天さえも仲間となってくれる。百人どころか、千人、万人の仲間を得ることさえ可能となる」

と松陰は述べている。そのような人物は、人を惹きつけるのだ。

ところで松陰は、「杉蔵とは一見して心が通じ合った」と言い残している。この時期、晋作、玄瑞、栄太郎という高弟たちは、みな各地に散って学んでいたので、自然と杉蔵との関係が深まった。

翌年の「要駕策」では、松陰と門弟たちとの溝ができる一方、唯一、杉蔵と弟の和作が松陰のもとに寄り添った。しかし、松陰が亡くなるのはその年の10月であるから、松陰と杉蔵との濃密な師弟関係は、わずか1年程度だったことになる。

【ルール・その79】

つまり、目標があるかないかだ。

故《ゆえ》に士たる者は其の志を立てざるべからず

『松村文祥を送る序』

これは1846（弘化3）年、友人である松村文祥にあてたもの。

松村文祥は、松陰の叔父・玉木文之進が主宰していたときの松下村塾の出身者で、彼が安芸（広島県）に修行に旅立つとき、いわば「贈る言葉」としてこれが書かれた。

松陰は、こう言っている。

「人としての生き方が優れているかどうか、仕事や勉強などがうまくいくかいかないかは、こころざしがあるかどうか、つまり目標がきちんと定まっているかいないかによる」

だから、目標をもて、と強調する。

「目標があればやる気も出てくる。目標とやる気があれば、どんな高いレベルにでも到達できるし、どんな難しいことでもできないことはない」

こう断言する。

またこうも言っている。

「重要な仕事をする者は、才能を頼みとするようでは駄目である。必ず、何のためにそのような仕事をしているかということを考えて、気持ちを奮い立たせ、仕事に励むことにより、達成することができるのである」

このときの松陰は、16歳。山鹿流兵学師範の修行に励んでいた。同志の文祥を励ますと同時に、なによりも自分の魂を奮い立たせようとしていた。

【ルール・その80】

酒や女に気晴らしや喜びを求めることは絶対にやめなさい。必ずことを損じる。

酒婦人を以て愉快を助くることは必ずやめて呉《く》れ給へ
然らざれば必ず事を損ずるなり

『門弟に』

1851（嘉永4）年の脱藩事件――。松陰が、宮部鼎蔵と安芸五蔵（本名：江幡五郎）とともに東北旅行に出かけたものである。この旅の当初の目的は、東北地方の防備の視察だった。ロシア船がたびたび南下して津軽海峡に顔をあらわしていたことから、松陰と宮部が現地を見に行こうとしたのだ。するとそこに、安芸五蔵が加わった。安芸の目的は、仇討ちである。兄が南部藩（岩手県）の政争に敗れて獄死したため、藩の重臣を討つというのだ。

1852（嘉永5）年1月に水戸を発った3人が白河に到着すると、安芸はこう告げた。

「私は、1人で仇討ちの旅に出る」

「何を言うか。われらはお前の助太刀のためにここまで来たのではないか」

しかし安芸は、2人を巻き込むまいと、かたくなに拒んだ。

「兄の仇は4月に江戸から盛岡に帰る。1人で待ち伏せして斬る。ここで別れよう」

別れが決まると、酒宴がはじまった。この3人は、江戸でよく遊んだ仲である。

こうして安芸と別れた松陰と宮部だったが、仙台あたりを歩いていたところ、ばったり安芸と再会した。するとまた酒宴がはじまった。そして、いよいよ別れの挨拶を交わした。江戸に戻る松陰は、安芸が本懐を遂げて英雄となっているだろう、とうらやましく思った。

ところが、安芸がぐずぐずしている間に、仇が病死してしまい仇討ちは失敗。後年、松陰が弟子たちに諭した言葉がこれである。松陰は、安芸のことで酒と女には深くこりたようだ。

【ルール・その81】

何もしないで過ちを免れるよりは、仕事を熱心に務めて過ちがないほうがいいに決まっているだろう。

事を為さずして過誤を免かるるは、
何ぞ事に練れて過誤なきに若《し》かん

『武教全書講録』

これは、松陰の兄・梅太郎がはじめて官職についたとき、役人の中谷市左衛門《なかたにいちざえもん》から聞いた言葉だという。中谷は、藩校・明倫館の再興の事務を担当していた人物だ。

当時の官僚のあいだでは、「当番の者が欠勤しても、非番の者は代わって勤めるな」ということが言われていた。つまり、仕事をすれば過ちを起こす恐れがあるので、へたに代わりを務めないほうがよい、ということである。

ところが中谷は、こうした考えを厳しく批判した。

「当番が欠勤してはならないのは当然のことである。非番の者でも、暇だといって遊んでいないで、熱心に仕事に出るべきである」

そしてこの名言である。まったく理にかなった、もっともな意見である。

失敗を恐れているようでは、大事な仕事など務まらない。困難なことがあるときこそ、人に先だってその任務にあたる。わずらわしいことがあれば、最後まで残ってその任務を全うする。誇りをもってその仕事についているのなら、人が嫌がる難しい任務をすすんで買って出るべきだ。

「この決心をもってもろもろのことにあたるならば、職を奉じ主君に仕えることにおいて、人におくれをとるようなことはない」

と松陰は述べている。

【ルール・その82】

手に入れるのが難しく失いやすいのは、時間である。

得難《えがた》くして失ひ易き者は時なり

『古助の江戸に遊学するを送る序』

江戸遊学時代に松陰の友人となった1人に、白井小助《しらいこすけ》がいる。小助は長州藩の重臣・浦氏の家来であった。松陰が下田事件を起こしたときには、江戸の伝馬町の獄につながれた松陰のために、いろいろと奔走してくれた。

1855（安政2）年8月、再び江戸遊学に旅立つことになった小助に送った言葉がこれ。

若いときは誰でも、時間が永遠につづくかのような感覚をもっているだろう。しかし、歳を重ねるごとに時間は減っていく。時間がたりないと感じる。これまでいかに多くの時間を無駄にしていたか、と思い知るものだ。

失った時間は戻ってこない。一瞬たりとも無駄にはできないのである。

松陰はまた、小助にこんな言葉も送っている。

「心をめざすものに集中しなければ、勉強や事業などを盛んにすることはできない

（志《こころざし》　専《もっぱ》らならずんば、業盛《ぎょうさかん》なること能《あた》はず）」

小助は好奇心が強く勉強熱心だったが、移り気な性格で、何かしらの学問を極めることができなかったようである。そんな小助の性格を見越しての松陰の言葉だった。

【ルール・その83】

お前はお前、俺は俺。他人には何とでも言わせておけ。

汝《なんじ》は汝たり、我れは我れたり。人こそ如何《いかん》とも謂へ

『講孟箚記』

松陰は、武士身分であったが、武士としての道を踏み外しているとして野山獄につながれたわけである。

他の武士から見れば、「お前は武士ではない」と徹底して非難される立場である。

では松陰は、他の武士が思うような武士になろうとしたかというと、そうではない。

「お前はお前、俺は俺」

と、あくまでも自分なりの武士道を追求したのである。

松陰は、野山獄の独房で囚人たちに講義をしながら、心と体を鍛錬することを呼びかけた。立派な人物になるには、お金もいらないし、他人の力を借りる必要もない。独房にあっても、それは自分次第でできることなのである。

このときの野山獄には、12人の武士身分の囚人がいたが、それぞれの独房から声を張り上げて発言し、互いに励まし合いながら勉強した。やがて、牢獄の役人までが松陰の門人に加わってきたことから、夜、集まって勉強会を開くことがゆるされたという。

第6章

リーダーとしての心の磨き方

【ルール・その84】

たとえ生きていても、心が死んでいては意味がない。魂がこの世に残るのなら、体は死んでも無駄じゃない。

心死すれば生くるも益なし、魂存すれば亡ぶるも損なきなり

『高杉晋作あて書簡』

1859（安政6）年6月、江戸の伝馬町の牢獄につながれ、松陰の死は近づいていた。一方、このころ江戸にいた高杉晋作は、10年前の松陰がそうだったように、長州藩の将来を担うエリートとして、学問に励んでいた。

獄中の松陰の唯一の支えとなったのが晋作である。一方で、晋作は晋作で、松陰からの最後の教えを求めていた。

このときの2人の手紙のやりとりは、死生観をめぐる対話となる。なかでもこの言葉は、松陰なりの死生観の結論ともいえる。

魂がこの世に残るのなら、体は死んでも無駄じゃない。そして松陰の魂はまもなく、永遠にこの世に残ることになる。松陰の教えが、その門人たちをへて、いまの私たちに受け継がれているということは、そういうことだろう。

ちなみに、作家の三島由紀夫は、松陰の一生に「悠久の命」を見たと言っている。その直後に彼は自決を遂げた。

【ルール・その85】

心というのは本来、生きものである。生きものはどんなはずみで動くかというと、何かにふれて、感動することによって動き出すのである。

心はもと活きたり、活きたるものには必ず機あり、機なるものは触《しょく》に従ひて発し、感に遇《あ》ひて動く

『西遊日記』

21歳の松陰は九州遊学に出た。松陰にとってのはじめての外遊。長州藩から許可を得て、はじめて、〝国外〟を見たのである。

この間に日記としてつづったのが『西遊日記』である。その序文にあるのが、この言葉である。

松陰は、平戸藩（現在の長崎県平戸市）の藩士であり、山鹿流兵学を継ぐ葉山佐内に世話になり、約80冊の書物を借り、重要な箇所を書き抜きした。そのなかには、アヘン戦争の記録書やフランスの砲術書、海防論文など、外国の最新の情報もあった。また、鎖国時代に唯一、世界とつながっていた長崎・出島にて、入港したオランダ船や清船を見るだけでなく、乗船して仔細に見学した。

だれだってはじめて外国に行けば、見るもの聞くもの珍しく、いい意味でカルチャーショックを受けるものだが、そうした経験の重大さがこの言葉に込められている。

「人間に関することを極めようとするならば、まず旅をして、いろいろな土地を肌で知ることだ」

後年、松下村塾の門人たちにもこう教えている。

【ルール・その86】

天命はすべて天にまかせておいて
ひたすら人としての道を守ればいい。
生死、困窮、栄達など素直に受け入れ
自分の立場に応じて生きていれば
何も驚くことも恐れることもない。

天命なる上は天に任せ置きて人は只管《ひたすら》道義をのみ守りさへすれば、死生《しせい》窮達《きゅうたつ》、順受《じゅんじゅ》素行《そこう》、驚くにも恐るるにも及ばず

『久保清太郎あて書簡』

野山獄時代、親友の久保清太郎にあてた手紙にある言葉。

「天命はすべて天にまかせておいて」というのは、この手紙が書かれる直前の１８５５（安政２）年10月2日夜に起きた江戸大地震（安政大地震）をふまえてのことである。倒壊１万４０００戸、死者７０００人に及んだといわれる大惨事である。

おびただしい数の死人が出たことを知って獄中でうろたえる松陰ではあるが、地震で死んでも、寒さで死んでも、海で溺れ死んでも、戦争で死んでも、つまりは、どのように死んだとしても同じ命に変わりはないと説く。

死はどのように訪れるのか、そのことを考えても、人の力ではどうすることもできないのだ。だから、生死のことは天にまかせておけばよい、と松陰は諭す。

生死のことだけではない。生活がどうなるか、出世がどうなるか、世の中は自分の力だけではどうにもならないことばかりだ。

だから、そんなことをいちいち気にするのではなく、何が起きてもすべてを受け入れて生きること。そして、自分の立場に応じて正しく生きること。そうすれば、何も驚くことも恐れることもない。

【ルール・その87】

禍《わざわ》いや幸せは、
天から降るのではない。
神様から与えられるのではない。
すべて自分が
招いているにすぎないという。

禍福《かふく》天より降るに非ず、神より出づるに非ず、
己れより求めざる者なしとなり

『講孟箚記』

これは孟子の言葉だが、松陰は次のような解説を加えている。

「禍」の字も「福」の字も、示偏《しめすへん》がついている。示偏のつく漢字は、「神」を見ればわかるように、神様に関する意味をもっている。ここから、禍いや幸福はすべて神様から与えられるものだと考えがちだ。「天罰があたる」「神罰をこうむる」「天の福をうける」「神の恵みをうける」などと昔からよく言う。

ところが孟子は、禍いも幸福もすべて自分が招くものだと考えている。自分の心がけ次第で禍いにもなり、幸福にもなるということだ。

このことをわかっていない人間が多い。つまり、禍いも幸福も神様次第だと考え、神様にばかりへつらう。それでいて、自分の行動を改めようとはしない。

これでは、「幸福を絶って、禍いを求めている（福を辞して禍を求むる）」ようなものだと、松陰は厳しく諭している。

【ルール・その88】

自分を強くする努力をしないで、相手が衰え、弱くなることを願う。これが今の人たちの考え方である。なんと悲しいことか。

吾《わ》れ盛強を勉めずして人の衰弱を願ふ。是《こ》れ今人《こんじん》の見《けん》なり
悲しいかな、悲しいかな

『講孟劄記』

ペリーの恫喝外交を契機に日米和親条約が結ばれ（1854年）、日本はアメリカに対して下田と箱館（函館）を開港し、鎖国体制は終わった。イギリス、ロシア、オランダとも次々と同様の条約が結ばれ、いくつもの港が開港されていく。

さらには、アメリカ・イギリス・フランス・ロシア・オランダとの間で安政五カ国条約が結ばれる（1858年）。領事裁判権を認め、関税自主権を喪失するという、欧米有利の不平等条約である。

幕府はされるがままであるが、自分たちが努力しなければ、この力関係はいつまでも変わらない。相手が弱くなることを願っているようでもいけない。相手はこちらの思うようにはならないのだから。

そんな思いを述べたのが、松陰のこの言葉である。

では、どうすればいいのか？

松陰は、「自分の努力すべきことを努力することが肝要」と教える。前述（P153）のように、自分が強くなれば、相手の強さを恐れる必要はなくなる。

とかく人間は相手と比較して一喜一憂しがちだが、そうではなくて、自分を磨くことを基本とすべきなのだ。

今の私たちの心にも響く言葉である。

【ルール・その89】

貧乏だから、地位が低いからと軽蔑するような者は、必ずお金持ちや地位の高い人に媚《こ》びへつらう。

貧賤を以て是れを軽蔑する者は、
必ず富貴を以て是れに諂屈《てんくつ》す

『講孟箚記』

この言葉の意味はよくわかるところだろう。お金持ちかどうか、地位が高いか低いかを見ている人の生き方がよくあらわれている。

「お金持ちを尊重して、貧乏人は軽蔑しろ」ということでもないし、「お金持ちは軽蔑して、貧乏人を尊重しろ」ということでもない。お金持ちでも、人としてきちんとした道を歩んでいて、人徳のある人ならば敬意を払うべきである。反対に、貧乏人でも、人としての道を踏み外しているようなら、敬意に値しない。

つまりは、「人としての道を重んじて、徳のある人かどうか」を見るべきなのだ。松陰はこのような基準を提示している。

この基準によれば、自分がお金をもったからといって横柄にふるまってはいけないのはもちろんだが、自分がたとえ貧乏になっても、自分を軽蔑する必要はない。

徳を持っているかどうか、これだけを重視してまっすぐに生きていけばいいのだ。

同じく『講孟劄記』には、「（心ある立派な人は）自分自身に対する際、どんなに貧乏で身分が低くても、また、どんなに辛い状況にあろうとも、穏やかな態度でいる。決して、天を怨んだり、人を咎めたりする、ということはない」とある。

【ルール・その90】

友達とは、その人徳を友達とするものだ。

友とは其の徳を友とするなり

『講孟劄記』

1850（嘉永3）年、九州遊学によって「世界」を強く意識した松陰は、翌1851（嘉永4）年に長州藩主について江戸に出て、西洋文明に通じた佐久間象山の門をたたき、師と仰ぐ。この時代から松陰の人生は加速度的に熱を帯びてくるのである。

その年の12月、松陰は脱藩した。松陰は、東北旅行に出るために、あらかじめ藩に願い出ていたが、その許可が下りる前に出発してしまったのだ。当時の「藩」は「国」と同じ意味があって、勝手に藩を出ることは亡命であり、重い罪に問われた。

なぜ、そんな愚行に及んだのかというと、前述（P177）のように、友情を貫くためだったと見られている。

東北旅行の同行者は、宮部鼎蔵と安芸五蔵（本名：江幡五郎）という2人の親友。安芸五蔵は、南部藩（岩手県）の出身で、兄が藩内の政権抗争に巻き込まれ、獄死している。安芸は、兄の仇討ちを画策していた。東北旅行の目的の1つは、安芸の仇討ちを助けることだったのである。なによりも人間関係を重視していた松陰は、藩士としてのルールを守ることよりも、友情を優先したのだ。

そんな松陰が、「友達」について語った言葉がこれ。

「友達」とは表面的なものではない。私たちは、その人の内側にある、優れた人間性とつきあっているのである。

【ルール・その91】

美人でも、不潔なものをかぶれば人はみな鼻をつまむ。

西子《せいし》、不潔を蒙る《こうむ》

『講孟劄記』

中国古代四大美女の1人に、西施《せいし》という女性がいる。紀元前5世紀、春秋時代末期の女性で、呉《ご》の第7代王・夫差《ふさ》から愛された。夫差は西施を溺愛するあまり、国は弱体化し、滅亡のきっかけになったといわれる。

ここに掲げた言葉は、この西施を例にした『孟子』の言葉である。

いくら美人の西施といえども、不潔なものをかぶれば、異臭で人々は鼻をつまむだろう、ということだ。

これは何を言わんとしているのかというと、

「どんなすぐれた才能や学問のある者でも、正しい道徳や行動がなければ、たいした人物ではない」

ということである。

『孟子』には、「どんな醜い人でも、沐浴をして身を清めれば、神のお祭りを奉仕することができる」とある。つまり、「才能も学問もない者でも、正しい道徳や行いがあれば、立派な人物といえる」ということだ。

そこで松陰は言う。

「尊ぶところは、正しい道徳であって才能ではない。正しい行動であって学問ではない」

人としての根本がどこにあるのか、明快に語った言葉だ。

【ルール・その92】

粗末な服や食事を恥じ、いい家に住みたいと思うようでは立派な人物とは言えない。

悪《あく》衣《い》悪《あく》食《じき》を恥ぢ、居の安きを求むるは則ち志士に非ず

『武教全書講録』

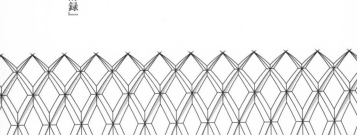

ここに掲げた、「粗末な服や食事を恥じ、いい家に住みたいと思うようでは立派な人物（志士）とは言えない」とは、山鹿素行の『武教全書』にある言葉である。松陰は、『武教全書』について親戚の子弟を相手に講じたが（『武教全書講録』）、そのときに、この言葉について解説を加えている。

この言葉は、もともとは『論語』にある。「学問の道を志しながら粗末な服や食事を恥じるような人間は、学問を語り合うのに値しない」と「立派な人物は、腹いっぱい食べたいとか、いい家に住みたいと思うことはない」という2つの言葉をまとめたものである。

しかし、言いたいことはわかるが、現代の物欲にまみれた高度消費社会において、これを実践するのはなかなか至難の業かもしれない。そこで、というわけではないが、松陰は衣食住の質に気をとられないための方法を示している。

要は、人として守るべき道を学ぶことに専念し、内面を磨くことを楽しむことである。そうすれば自ずと、衣食住などの上辺のものに心を動かされることはなくなる。自分の内面を誇らしく感じ、他人の贅沢な服や食事をうらやましいと思わなくなる。かえってそんな人をあさましく思うほどだ。

外見よりも内面——。松陰は、ここを求めている。

【ルール・その93】

実際の力よりも評判が高いことがあるが、立派な人はそれを恥じるものだ。

声聞情に過ぐるは、君子之れを恥づ

『講孟箚記』

これも松陰が好んだ、孟子の言葉である。

本当の実力がない人でも、自分をうまく宣伝して評判を高めたり、一時的にごまかすことはできる。しかし結局、あとから公平な判断をうけることになる。

孔子の「水」のたとえを用いると、水というのは、源泉から絶えず水が流れ出て、川を作り、海まで流れていく。もしも源泉がなかったら、水は枯れてしまう。源泉がなくても雨季であれば、水をためておくことができるが、雨季が終われば、やがて枯れる。

だから大切なのは源泉である。言い換えれば、絶えず水があふれ出てくるような、本当の実力をもつことが大切なのである。実力もないのに評判だけが高いとすれば、それは雨季の雨と同じで、一時的にごまかしているにすぎない。

松陰はこう言っている。

「世間が人をほめたり、おとしめることとは、たいていその人の実態とはちがうものである

(世間の毀誉《きよ》は大抵《たいてい》其の実《じつ》を得ざるものなり)」

人の評価などあてにならない。気にするべきではない、ということだ。

では、どうやったら本当の実力がつけられるのか？　これは、基本から一段一段地道に積み上げていくしかない。そうやって本当の実力をつけていくと、その自信が体中に行き渡り、顔や様子にもあらわれてくる。自然と周りからも信頼され、感動さえ与えるのだ。

【ルール・その94】

立派な人は才能がないことを恥じるが、つまらない人は地位が低いこと、そして給与が少ないことを恥じる。

君子は才能なきを恥ぢ、小人は官禄《かんろく》なきを恥づ

『講孟劄記』

孟子は「人は恥じる心がないといけない」と言っている。ただ、同じ「恥じる心」でも、「立派な人」と「つまらない人」では、何を「恥」とするのか、恥のポイントが違う。どう違うのか、それを松陰が考察している。

立派な人は、すぐれた人格や義理の心がないことを恥じる。また才能がないことを恥じる。一方、つまらない人は、名誉がないことや地位が低いことを恥じる。そしてまた、給与が少ないことを恥じる。

だから、結論としては次のようになる。

「つまらない人が恥じるのは外見の問題であり、立派な人が恥じるのは内実の問題である（小人の恥づる所は外見なり。君子の恥づる所は内実なり）」

ほとんどの人は外見の問題を「恥」としていると思うが、本来の「恥」とは内面を鍛えるときのバロメーターとなるべきなのだ。

武士の道は、最初に「恥を知る」ことからはじまる。日本人としては、そんな「恥じる心」を1つの美徳として受け継いでいきたいものである。

【ルール・その95】

高い地位を手に入れた途端
立派な徳性をすてるというのは
迷いがはなはだしい。

人爵を得て其の天爵を棄つるは、則ち惑へるの甚しき者なり

『講孟箚記』

自分の望む地位に就くためには、一生懸命仕事をして高い成果をめざしたり、勉強をしてスキルを高めたり、力のある人物のもとで真面目に仕えるなど、無心で励むものである。

ところが、いざその地位を手に入れると、どうだろうか。それまでの仕事の勢いはなくなり、勉強はやめ、人に対しては横柄な態度となる。あとはただ、より高い地位とより強い権力を手に入れるための争いに明け暮れる始末である。

こうして、それまで努力して培った立派な徳性を消してしまうと、やがて時流が少し変われば、たよりとした人物もいなくなり、自分の地位もなくなってしまうだろう。これが『孟子』にある、「高い地位を手に入れると、立派な徳性をすててしまう」という格言になる。

しかし、松陰はこの言葉をもう少し深いレベルで解釈する。高い地位に就いたということは、これは自分の責任において人々のために大きな仕事ができるチャンスを得たことを意味する。ところが、いざとなると、何かと理由をつけては行動を起こそうとしないで、保身ばかり気にしている。こころざしをもって高い地位をめざしていたときの自分とは、まるで別人である。

これこそが、松陰が考えた「高い地位を手に入れると、立派な徳性をすててしまう」の意味である。

自分が得た地位が何のためにあるのか、改めて考える必要がある。

【ルール・その96】

物事を見極めるとき、考えの浅い人は結果だけを見る。考えの深い人は心が誠実かどうかを見る。こんなものである。

世人の、事を論ずる、浅き者は事の成敗を視《み》、深き者は人の忠奸《ちゅうかん》を視る。かくの如きのみ

『叢棘随筆』

一般的には、結果がすべて、と評価される。ただ、ほんとうに考えの深い人というのは、結果ではなく、心が誠実かどうか、を見ている。松陰は、中国史の2つの事例をくらべる。

まず、明代に起きた土木の変（1449年）。これは、オイラート族が侵入してきたとき、明の愚劣な宦官《かんがん》・王振が、若い英宗（正統帝）に皇帝自ら戦地に赴くことをすすめたために、英宗がオイラート族に捕えられてしまった事件である。しかし明には、于謙《うけん》という優れた官僚がいた。朝廷内部では首都・北京をあきらめ、南京へ遷都することも検討されたが、于謙は強行に反対。北京にとどまらせ、英宗の弟を即位させ、兵力を増強する一方、王振らを粛清。オイラートと1450年に和解を結び、英宗を皇帝に復位させたのである。

一方、宋代に起きた靖康《せいこう》の変（1126年）。皇帝・徽宗《きそう》は、侵攻してきた金によって首都・開封《かいほう》が包囲されると、自らは逃亡した。財貨を支払う約束をして開封に帰還したが、約束を守らなかったため怒った金によって再び首都は包囲され、徽宗は連行された。徽宗はそのまま死去。その後の宋は、息子の高宗が南に逃れて南宋を建てることになった。

ここで比べたいのは、英宗と徽宗である。敵国に捕えられたあとの結果が違う。だが松陰は、結果だけを見てはいけないという。それぞれの皇帝の心が誠実かどうかを見ないといけない。徽宗は自らの贅沢のために民衆に重税を課すような皇帝だったから、惨めな最期も推して知るべし、ということか。

【ルール・その97】

**すべて順調にきたからといって、
本当の力があるわけではない。
立派な人というのは、
ゆったりと成長するもの。
バタバタと急に成り上がっても
「本物」にはなれない。**

万事速かに成れば堅固ならず、大器は遅く成るの理《ことわり》にて、
躁敷《さわがし》き事にては大成も長久《ちょうきゅう》も相成《あいな》らざる事に之《こ》れあるべく候《そうろう》

『明倫館御再興に付き気付書』

一言で言えば、大器晩成である。

しかし、この言葉とは裏腹に、松陰は驚くほど早熟だった。叔父の厳しい指導に応えて、早くから秀才ぶりを発揮した松陰は、8歳で藩校・明倫館の山鹿流兵学教授見習となり、11歳から藩主・毛利敬親の前で講義を行い、激賞された。15歳のときには、藩主から異例のほうびをうけ、たいへんな評判となった。そして、19歳にして独立の師範となる。

松陰は、長州藩の未来を託されるようなエリートとして、周囲の期待通りに着実に成長していくのである。

で、この言葉は、松陰が20歳のときのものである。はやる気持ちを抑えようと、もう1人の冷静な松陰がいる。松陰は、自分が未熟であること、何もわかっていないことを、わかっていた。自分が見てきたものは、世界のなかのほんの一部にすぎない。

21歳になった松陰は、九州遊学に向かった。そこで、本物のオランダ船を目にして圧倒された。大国・中国が屈したアヘン戦争の記録書にふれ、西欧の脅威に背筋が凍る思いをした。

松陰の目は見開かれていく。山鹿流兵学1つにかかわる生き方への疑問が芽生えた。

【ルール・その98】

心ほど、他人に見えるものはない。

心程、人の能《よ》く知る者はなし

『講孟箚記』

心というのは、体のうちにあって、他人から見えるものではない。だから普通の人は、心は放っておいてよいと考える。それよりも、他人から見える外見を飾ろうとする。

松陰は『孟子』のなかから、心を大事にしない喩えを3つあげる。

まず「雞犬《けいけん》」である。家畜が逃げると、それを一生懸命探すのに、大切な自分の心がどこかにいっても、探すことをしないということである。

次に「無名の指」。あまり役に立たない薬指が曲がってしまい、それをなおしてくれる名医がいるとわかると、どんな遠方までも行くのに、曲がった心はなおそうとはしない。

最後が「拱把《きょうは》の桐梓《どうし》」。ほんの小さな木でも、これを育てる方法を知っているのに、自分の心を正しく育てることは知らないということである。

このように人々は、心のことを大事にしないので、荒れていくばかりである。

人の心というのは、目に見えないものではあるが、実は他人からよくわかるものである。

その人が名誉を好んでいるとか、利益を好んでいるとか、道徳を好んでいるとか、勇気を好んでいるとか、案外、わかるものだ。誰も自分の心を隠し通すことなどできるものではない。

だからというわけではないが、心を大事にし、心を正しくしなければいけない。心こそ、もっとも自分が自慢できるものとしなければいけない。

【ルール・その99】

ふつうの人が見るのは形である。立派な人が見るのは心である。

俗論《ぞくろん》の見る所は形の上なり。君子の論ずる所は心なり

『講孟箚記』

孟子が斉の国を去るときのエピソードがある。

孟子は、自分の意見が採用されないことから斉を去ろうとしたが、斉王は孟子が国を去ることを恥じて、人を遣わして孟子を引き留めようとした。ところが孟子は、黙りこくって、肘掛けによりかかって眠ったふりをしている。これには、斉の人が激怒し、「わざわざ身を清めて自分はここにうかがっているのに、その態度は何なのか」と抗議した。すると孟子は、「あなたのほうが私との縁を絶とうとしているのか？　それとも、私のほうがあなたとの縁を絶とうとしているのか？」と問うた。

孟子が言いたかったのは、問題は自分の非礼な態度ではなく、今まで斉の国がとってきた自分への非礼な態度にあるということである。そこには誠意がたりなかった、というのだ。

非礼には非礼で返すのがいいのか悪いのかはまた別の問題であるが、いずれにしてもここでは、相手に誠意があるかどうか、形よりも心を見ることを本質とすべし、と教えている。

松陰は、次のような例もあげている。

仮に自分が相手に受け入れられないということがあれば、それは相手に原因があるのではなく、自分に原因があるのではないか。形にばかりこだわって、心がともなっていない態度をとるから、相手から敬遠されるのである、と。

形だけ繕って言葉巧みに愛想よく近づいても、相手は心を見透かしているものである。

【ルール・その100】

体は自分のものであり、心はみんなのものである。

体は私《わたくし》なり、心は公なり

『七生説』

「体は自分のもので、心はみんなのもの」とは、どういうことか？　松陰の説明では、この世を解き明かす原理のようなものがあって（「理」と呼んでいる）、それが人の心となっている。心は目には見えない。一方、この世には目に見える形でうごめいているものがあって（「気」と呼んでいる）、心はその可視化されたものに入って、体とする。こうして人はできている。結果、体は自分のものと言っていいが、心はこの世の原理からきているので、自分のものというよりは、この世のものであり、みんなのものと言える。

さて、世の中には、自分（体）をみんなのために利用する人がいる。これは立派な人物だ。一方で、自分（体）のためにみんなを利用する人がいる。これは下劣な人物だ。

立派な人物というのは、体が消滅しても（つまり、死んでも）、その心は時空を超えて残る。下劣な人物は、体の消滅とともに、何もかも消滅する。これは、高杉晋作にあてた言葉にも通じることである（P186）。

この言葉が書かれた『七生説』は、南北朝時代の楠木正成《くすのきまさしげ》の生き様をもとに、27歳の松陰が、松陰なりの人生観をあらわしたもの。肉体の生死に拘泥せず、国のために行動した楠木正成は、体は消滅しても、その心は生きているという。死に際に「七回生まれ変わって国賊を滅ぼしたい」とちかった正成の生き様を松陰は受け継ぎ、自身も後世に残る立派な人物であろうとした。体は消滅しても、あとの者たちが奮い立つような生き方をしてみせる、と。

おわりに

松陰が残した文語体はもちろん幕末その時代のものだが、思想そのものは驚くほど現実的でモダンである。

ただ努力すればいいというわけではなく、効果が得られなければ意味がない。ただこころざしがあればいいというわけではなく、行動しなければ意味がない。松陰はこう述べている。

松陰の言葉は、現代社会にあてはめてもまったく色あせないどころか、信じられないほどの鮮度をもっている。あちこち旅をしたとはいえ、封建社会が根を下ろした幕末の日本にあって、それほどモダンな感覚を持ち得たことには驚かされる。

松陰の言葉が現代の私たちの心にも響くというのは、松陰が時代の先を見通していたというよりは、いつの時代にも変わらない普遍的な真実を見事に言い当てていたからではないだろうか。それは、誰もが心のなかでうすうす気づいていながら目をそむけている、そんな真実である。だから、松陰の言葉にはっとさせられることは少なくない。

松陰は、人心掌握術や職務遂行術など、小手先のリーダー理論を教えたわけではない。

そのことは、ここに掲げた「100のルール」を見れば明らかだろう。

松陰は、人間はどう生きるべきかを説いた。

こころざしをもって、人間として立派に生き、実際に行動する。その先に、真のリーダーの姿が自然とたちあらわれてくるのである。

大人になれば誰もが打算的な考えに走りがちだが、松陰は不器用ながらも、純粋にまっすぐに一点の曇りもなく生きた。松陰は、自分を裏切るような生き方をしなかった。

まるで聖書のような神々しい輝きを放つその生き方こそが、リーダーのお手本である。

最後に、本書をまとめるにあたり、彩図社の本井敏弘さまには大変お世話になりました。日頃のご理解とご助力に心から感謝いたします。

2021年5月　沢辺有司

吉田松陰関係略年表

1830（天保1）年	8月4日、長州（山口県）の萩・松本村で、藩士・杉百合之助の次男として生まれる。
1834（天保5）年	叔父・吉田大助（山鹿流兵学師範）の養子となる。
1839（天保10）年	藩校・明倫館で実学を指南する。
1840（天保11）年	はじめて藩主・毛利敬親の前で『武教全書』を講義する。
1848（嘉永1）年	独立の師範となる。
1850（嘉永3）年	8月～12月、九州遊学に立つ。
1851（嘉永4）年	3月、藩主に付いて東行、江戸遊学。佐久間象山らに学ぶ。 12月、東北旅行で脱藩。
1852（嘉永5）年	帰国命令が下り、萩に帰る。 12月、脱藩の罪で士籍・世禄を奪われる。
1853（嘉永6）年	1月、諸国遊学の許可を得て萩を発つ。 6月、ペリー軍艦来航を聞き、浦賀に直行。 9月、ロシア軍艦乗り込みのため長崎へ行く。
1854（安政1）年	3月、金子重之助とペリー軍艦乗り込みを試みるが失敗。 4月、自首し、江戸伝馬町の獄舎に投獄。 10月、萩・野山獄につながれる。
1855（安政2）年	1月、金子重之助獄死。 4月、獄中で『孟子』の講義を開始。 12月、野山獄を出て杉家での禁錮を命じられる。
1856（安政3）年	松下村塾を主宰する。
1858（安政5）年	11月、間部要撃策をたてる。 12月、投獄命令が下り、野山獄につながれる。
1859（安政6）年	1月、要駕策をたてる。 2月、門人・入江和作が要駕策を決行に及ぶが、失敗。 和作の兄・入江杉蔵が投獄され、翌月、和作も投獄。 6月、江戸に送られ、伝馬町の獄舎につながれる。 10月27日朝、評定所において罪状の申し渡しが行われ、11時前後、伝馬町獄舎において刑死。享年30。

【主要参考文献】

『日本の名著31　吉田松陰』（松本三之介編、中央公論社）
『日本の思想19　吉田松陰集』（奈良本辰也編、筑摩書房）
『日本思想大系54　吉田松陰』（吉田常吉、藤田省三、西田太一郎、岩波書店）
『吉田松陰全集　第2巻』（吉田松陰、山口県教育会編、岩波書店）
『吉田松陰全集　第3巻』（吉田松陰、山口県教育会編、岩波書店）
『吉田松陰全集　第4巻』（吉田松陰、山口県教育会編、岩波書店）
『吉田松陰全集　別巻』（吉田松陰、山口県教育会編、岩波書店）
『吉田松陰の士規七則』（広瀬豊、国書刊行会）
『吉田松陰名語録』（川口雅昭、致知出版社）
『吉田松陰一日一言』（川口雅昭、致知出版社）
『吉田松陰　留魂録』（古川薫、講談社学術文庫）
『吉田松陰　魂をゆさぶる言葉』（関厚夫、ＰＨＰ研究所）
『吉田松陰著作選　留魂録・幽囚録・回顧録』（奈良本辰也、講談社学術文庫）
『吉田松陰書簡集』（吉田松陰、広瀬豊編、岩波書店）
『史伝吉田松陰「やむにやまれぬ大和魂」を貫いた29年の生涯』（一坂太郎、学研M文庫）
『講孟箚記　上』（吉田松陰、近藤啓吾全訳注、講談社学術文庫）
『講孟箚記　下』（吉田松陰、近藤啓吾全訳注、講談社学術文庫）
『［新訳］留魂録』（松浦光修編訳、ＰＨＰ研究所）
『ひとすじの蛍火　吉田松陰　人とことば』（関厚夫、文春新書）
『エピソードでつづる吉田松陰』（海原徹、海原幸子、ミネルヴァ書房）

【著者略歴】

沢辺有司（さわべ・ゆうじ）

フリーライター。横浜国立大学教育学部総合芸術学科卒業。

在学中、アート・映画への哲学・思想的なアプローチを学ぶ。編集プロダクション勤務を経て渡仏。パリで思索に耽る一方、アート、旅、歴史、語学を中心に書籍、雑誌の執筆・編集に携わる。現在、東京都在住。

パリのカルチエ散歩マガジン『piéton（ぴえとん）』主宰。

著書に『図解　いちばんやさしい哲学の本』『図解　いちばんやさしい三大宗教の本』『ワケありな映画』『ワケありな名画』『ワケありな本』『ワケありな日本の領土』『封印された問題作品』『音楽家 100 の言葉』（いずれも彩図社）、『はじめるフランス語』（学研教育出版）などがある。

吉田松陰に学ぶ　リーダーになる100のルール

2021 年 7 月 7 日　第一刷

著　者　沢辺有司

発行人　山田有司

発行所　株式会社　彩図社
東京都豊島区南大塚 3-24-4
MT ビル　〒 170-0005
TEL：03-5985-8213　FAX：03-5985-8224

印刷所　新灯印刷株式会社

URL　https://www.saiz.co.jp
https://twitter.com/saiz_sha

 ISBN978-4-8013-0530-4　C0134

落丁・乱丁本は小社宛にお送りください。送料小社負担にて、お取り替えいたします。

本書は 2015 年３月に弊社より刊行された『吉田松陰に学ぶ リーダになる 100 のルール』を文庫化したものです。

定価はカバーに表示してあります。